대학생이 쓴 실전 경호영어

강 민 희 저

도서출판 진 영 사

대학생이 쓴 실전 경호 영어

강민희

2010년 12월 29일 초판인쇄
2012년 12월 24일 2쇄발행
발행인 박 진 영
발행처 도서출판 진영사
인천광역시 부평구 갈산동 16-22호
전화 : 032)505-4207
팩스 : 032)505-4206
E-mail : 00183734207@hanmail.net
등록 : 122-91-77317

ISBN 978-89-6541-017-1 90740
값 9,000원

머리말

대학생 초기에 간혹 경호 알바나 행사장 진행요원 등의 아르바이트를 한 적이 있습니다. 그 중 가장 기억에 남는 것이 '이주민 노동자 축제'인데, 외국인 노동사들에게 우리문화를 소개하고 각국의 가수를 초청해 콘서트를 개최해주는 형식의 행사였습니다. 단순히 행사의 보조역할이라고 생각했었던 이 아르바이트는 대상자들이 외국인으로 바뀌는 순간 늪으로 빠져드는 듯 했습니다. 더 이상 한국에서의 경호가 운동만이 전부가 아니라는 것을 깨닫게 된 순간 이였습니다.

"대학생이 쓴 실전경호영어"는 다양한 경호상황뿐만 아니라, 수빌상황, 경호비서영어 등의 내용을 담고 있습니다. 외국인 경호 시 어려움을 겪었던 현직 경호원 분들과 학생들에게 도움이 될 수 있는 책입니다. 알면 알수록 어려운 영어를 상황별로

나누어 쉽게 풀이한 책이라고 생각합니다.

이제 더 이상 바디 랭기지를 사용하여 외국인을 저지하고 대처하는 시대는 지났습니다. 제가 그렇게 만든 것이 아니라 세상이 그리 변하고 있기 때문입니다. 이제 경호원들도 기본적인 경호회화를 이용해 외국인을 안내하고 응대할 수 있어야 합니다. 이 책을 읽고 난 뒤 어느 정도의 자신감이 생겼다면 그것만으로도 저자의 목적은 달성되었다고 생각합니다.

2010년11월

용인대학교 경호학과 학생

강민희

추천사

서울 Y대학에서 근무하고 있는 고교친구인 강박사가 어느 날 전화를 주었다. 이번 학기에 Y대학원 학생들을 위해 경호전공 영어수업을 해달라는 내용이었다. 경호전공 영어수업은 대학강단에서 강의를 해본 경험이 없다고 단호하게 거절을 하였으나 강박사가 본인에게 걱정스러워 공부 열심히 하라는 눈치와 함께 건네준 경호전공 원서를 보니 괘씸하면서도 그의 배려로 영어와 인연을 맺게 된 것이 당시의 기억이다.

그 후 오기로 경호전공 영어책을 쓰려고 시도했던 것은 참 오래전의 일이었다. 겁 없이 초안을 써 놓고도 얼마 후에 다시 보면 왠지 부족하여 뒤로

미루어 두기 일쑤였다.

1년 전 강민희 학생을 연구실에서 만날시 여자 경호원으로는 걸맞지 않은 작은 체구와 유난히 반짝이는 맑은 눈빛을 지닌 3학년생 이었다. 민희는 무엇을 잘하느냐는 질문에 대뜸 "영어를 전공"으로 하고 있습니다. 어! 영어를 전공으로 한다고? 영어는 자신이 있거든요? 교수님 영어로 시키실 일 있으면 주세요?

그럼 "경호영어책"을 만들지 않겠냐는 나의 의견에 "대학생이 쓴 실전 경호 영어"가 시도되게 된 계기였다.

이 책은 이러한 어려운 점에서 출발 하였다. 그동안 서점가에서는 일반적인 영어서적은 많이 있었으나 경호전공자를 위한 전공영어 서적은 전무하다고 알고 있다. 또한 대학생이 무슨 책을 집필하냐고 다른 측면에서 보는 사람도 있겠지만 새로운 시각과 시야를 제공하려는 의도에서 대학생 수준에 맞는 경호영어 서적 일 것이다. 이 한권의 책은 경호학을 전공하는 대학생들에게 한번쯤은 권장하고 싶은 서적이며, 어려운 여건 속에서 경호영어 서적을 펴낸 자랑스러운 제자 강민희에게 노고를 치하 하고자 한다.

2010년11월
용인대학교 경호학과
이학박사 김진환교수

목 차

Chapter 1. 행사장 경호

Chapter 2. 안전 사고와 응급처치

Chapter 3. 수행비서 경호원

Chapter 4. 경호 영어

1

행사장 경호

Unit 1. 선발 경호

1) 준비 단계

행사에 대하여 물을 때

의뢰인에 대하여 물을 때

최근 현황에 대하여 물을 때

경호계획을 설정할 때

기타

2) 차량 경호

차량준비에 대하여 물을 때

차량경호 계획을 설정할 때

3) 행사장

행사 전 경호원의 임무확인

위해요소를 탐색할 때

행사장 내 경호 계획을 설정할 때

기타

Unit 1. 선발경호

1) 준비단계

Guard : Hi, how can I help you?

Client : I'm here to ask you if I can have some bodyguards for my conference.

Guard : What date is your conference?

Client : It's the 3rd of July from 9 am to 3 pm.

Guard : Where will it be located?

Client : It will be located in Jamsil.

Guard : How many guests are coming?

Client : We invited 30 people.

Guard : Do you need any special guards for yourself?

Client : I want an escort by two bodyguards and sending rest of them to control the media.

Guard : Okay. I got it. We will set the schedule for you. Please leave your name and phone number here.

경호원 : 어서 오세요. 무엇을 도와드릴까요?

의뢰인 : 제 회의를 위한 경호원을 좀 구할 수 있을까 해서 왔습니다.

경호원 : 회의가 언제입니까?

의뢰인 : 7월 3일 오전 9시부터 오후 3시까지입니다.

경호원 : 어디서 열립니까?

의뢰인 : 잠실에서 열릴 예정입니다.

경호원 : 참석인원은 얼마나 됩니까?

의뢰인 : 30명을 초대하였습니다.

경호원 : 본인을 위한 특별 경호원이 필요하십니까?

의뢰인 : 네, 2명은 저를 경호하고 나머지는 언론을 통제하였으면 합니다.

경호원 : 알겠습니다. 그렇게 스케줄을 잡아보도록 하겠습니다. 성함과 연락처를 좀 남겨주세요.

행사에 대하여 물을 때

• 행사가 언제 입니까?

When is the event?

What date is the conference?

When do we have that conference?

• 행사는 언제 시작됩니까?

What time does it start?

When is it starting?

When does it start?

• 행사는 언제 끝이 납니까?

What time will it be over?

When is it going to end?

When does it finish?

• 행사장소가 어디입니까?

Where is it located?

Where is the conference place?

• 어떤 종류의 행사 입니까?

What kind of event is it?

의뢰인에 대하여 물을 때

• 많은 사람들이 의뢰인의 일정을 알고 있습니까?

Do many people know about his schedule?

• 의뢰인은 많이 유명합니까?

Is he famous?

Is he popular?

- **의뢰인은 어디출신 입니까?**

Where did the client come from?

- **의뢰인의 직업은 무엇입니까?**

What is the client's job?

What is the client doing?

- **의뢰인의 나이는 몇 살입니까?**

How old is the client?

- **의뢰인의 취미는 무엇입니까?**

What is his hobby?

What does he like to do?

- **그는 여가 시간 때 주로 무엇을 합니까?**

What does he normally do in his free time?

What is he doing during the free time?

• **의뢰인의 가족관계는 어떻게 됩니까?**

How many members does he have in his family?

• **그는 어디에 거주합니까?**

Where does the client live?

Where does he stay?

• **의뢰인의 사회적 지위는 어떠합니까?**

How is his social position like?

최근 현황에 대하여 물을 때

• **위협을 받은 적이 있습니까?**

Have you ever got threatened?

Have you ever been attacked?

- **어떤 종류의 위협을 받았습니까?**

What kinds of threats was that?

What sorts of attacks did you get?

- **최근에 누군가로부터 피해를 입은적 있습니까?**

Did you get any damages in a recent?

Did you get any harm in these days?

- **그 위험요소들을 예방하기 위한 우리의 방안은 무엇입니까?**

What do we have for protecting dangers?

Do we have anything to stop those dangers?

- **예상되는 위험이 있습니까?**

Are there any dangers that could be happened?

Are there any dangers that are expected?

경호계획을 설정할 때

• 공공장소에 방문할 계획이 있으십니까?

Are you planning to visit any public places?

Are you scheduled to go to public places?

• 몇 명의 초대 손님이 올 예정입니까?

How many people are coming?

How many guests are invited?

How many guests are you expecting?

• 몇 명의 경호원이 필요합니까?

How many bodyguards do wc need?

How many security officers are required?

• 숙소는 설정하였습니까?

Have you arranged accommodations?

Did you reserve the hotel?

- **2명의 경호원은 입구에 배치하고, 나머지 경호원들은 자신의 팀장을 따라갈 것입니다.**

We will assign two bodyguards to the entrance, and rest of them will follow their leaders.

기 타

- **자신의 경호용구를 가져가주세요.**

Please take your security devices with you.

Don't forget to keep your devices.

- **그 일을 끝내기 까지는 시간이 좀 걸릴 것 같습니다.**

It will take a long time before he finishes the work.

Glossary

accommodation	ⓝ 거처, 숙박시설
attack	ⓝ 공격, 습격
	ⓥ 공격하다, 습격하다
arrange	ⓥ 정하다, 정리하다
bodyguard	ⓝ 경호원, 수행원
client	ⓝ 소송의뢰인, 고객
conference	ⓝ 회담, 협의, 회의
damage	ⓝ 손해, 손상
during	~동안, ~사이에
entrance	ⓝ 입구, 출입구
expect	ⓥ 기대하다, 예상하다
finish	ⓥ 끝내다, 마치다
follow	ⓥ 쫓다, ~을 따라가다
happen	ⓥ 일어나다, 생기다
harm	ⓝ 해, 손해, 손상
invite	ⓥ 초청하다, 초대하다

locate	ⓥ ~의 위치를 정하다
media	ⓝ 매스컴
need	ⓥ ~을 필요로 하다
normally	보통은, 정상적으로
popular	ⓐ 대중적인, 인기있는
protect	ⓥ 보호하다, 막다
public place	ⓝ 공공장소
require	ⓥ 요구하다
reserve	ⓥ ~을 예약하다
schedule	ⓝ 시간표, 일정
security device	ⓝ 보안장치
security officer	ⓝ 보안관, 경호원
social position	ⓝ 사회적 지위
threat	ⓝ 위협, 협박
threaten	ⓥ 협박하다, 위협하다

2) 차량경호

Leader : Are you all ready to go?

Member: Yes. We are all ready.

Leader : How are the tires?

Member: They are all fine. We also have spare tires for emergency.

Leader : Great. Who's going to ride in the car with VIP?

Member: I will. But VIP wants to stop by OOO to pick up his family.

Leader : I see. That's fine with me. Please take care of him.

Member: Don't worry. We will drive 3 vehicles and VIP will be in the bullet-proof glassed van.

Leader : Okay. If there is any trouble, please let me know first. Let's move.

경호팀장 : 모두 갈 준비 됐습니까?

경 호 원 : 네. 모두 준비 되었습니다

경호팀장 : 자동차 타이어들은 모두 양호합니까?

경 호 원 : 네, 모두 양호합니다. 그리고 여분의 타이어를 가지고 있는 것도 확인하였습니다.

경호팀장 : 네. 누가 VIP와 함께 동행 합니까?

경 호 원 : 제가 할 예정입니다. 하지민 VIP가 000에 들려서 가족들을 태워가고 싶다고 얘기하였습니다.

경호팀장 : 알겠습니다. 그건 상관없습니다. VIP를 잘 살펴 주십시오.

경 호 원 : 걱정하지 마십시오. 저희는 3대의 차량을 운전하며 그중 VIP는 방탄유리로 된 벤을 탈것입니다.

경호팀장 : 알겠습니다. 만약 무슨 일이 있으면 지에게 가장먼저 알려주십쇼. 그럼 모두 출발하겠습니다.

차량준비에 대하여 물을 때

- **바퀴 상태는 어떻습니까? 모두 괜찮습니까?**

How are the tires? Are they all fine?

- **여분의 타이어를 가지고 있는지 다시 한 번 체크해 주십시오.**

Please recheck that we have spare tires.

- **모든 차량에 연료가 가득히 채워져 있습니까?**

Are the vehicles full with the gas?

Are the cars all kept gassed?

- **언제든지 출발 할 수 있도록 차량이 대기되어 있습니까?**

Is the car ready to go wherever it is?

Is it ready to go immediately?

• **VIP가 탈 차량은 강화유리로 이루어졌습니다.**
The vehicle VIP will ride in consists of bullet-proof glass.

차량경호 계획을 설정할 때

• **들렸다 가야 할 장소가 있습니까?**
Is there any place you will stop by?

• **VIP와 함께 차에 동승할 예정입니까?**
Will you ride in the car with VIP?

• **차를 쫓아 갈 예정입니까?**
Are you going to chase the car?

• **최종 목적지가 어디입니까?**
Where is the final destination?

• **운동장엔 몇 시쯤 도착할 예정입니까?**
What time will you arrive at the Stadium?

• **사무실에서 운동장까지 얼마나 걸립니까?**
How long does it take from the office to the Stadium?

• **보통 약 1시간정도 걸립니다.**
It normally takes about an hour.

• **아무도 들어오지 못하게 도로를 차단하였습니다.**
We close off the street so no one can come in.

• **이번엔 3대의 차를 이용할 것입니다. 그중 한대가 VIP가 탈 밴입니다.**
We will use 3 vehicles this time. One will be the van which will take VIP.

- **우리가 갈 길을 돌아봤습니까?**

Have you looked around the way we will drive?

- **우리는 주도로를 통해서 갈 것입니다.**

We will go through the main street.

- **병원으로 향하는 직행 길을 설정하였습니까?**

Did you set up the direct way to go to the hospital?

- **행사가 끝난 뒤, 전에 왔던 길과 다른 길을 통해 돌아갈 것 입니다.**

After the evcnt, we will take a different way to go back.

- **선행차량은 길을 안내하며 전방의 위험으로부터 VIP를 경호할 것입니다.**

The lead vehicle will be the guide and also protect the VIP from danger.

- **후방차량은 VIP의 차를 따라가며 뒤를 경호할 것 입니다.**

The rear vehicle will follow the VIP's car and also protect the back.

- **이 차량은 전방차량과 (자리)교체가 될 수도 있습니다.**

It could be replaced by the lead car.

Glossary

bullet-proof glass	ⓝ 방탄유리
chase	ⓥ 뒤쫓다, 추적하다
consist of	ⓥ ~이루어져 있다
destination	ⓝ 목적지, 도착지
direct way	ⓝ 직행길
emergency	ⓝ 비상사태
final	ⓐ 마지막의, 최후의
fine	ⓐ 좋은, 훌륭한
gas	ⓥ ~에 가스를 채우다
guide	ⓝ 안내자, 가이드
immediately	곧, 바로, 즉시
join in	ⓥ 참가하다, 가입되다
look around	ⓥ 둘러보다
pick up	ⓥ 도중에서 태우다
recheck	ⓥ 다시 맞춰보다
replace	ⓥ ~에 대신하다

ride	ⓥ 타다, 타고가다
set up	ⓥ 세우다, 설정하다
spare	ⓐ 여분의, 예비의
stop by	ⓥ ~에 들르다
take care of	ⓥ 돌보다
vehicle	ⓝ 탈것, 수송수단
wherever	어디든지 ~하는 곳에

3) 행사장

Leader : The security alarm went off. What's the matter here?

Member : I was testing it.

Leader : Okay. Then did you all check the conditions of the gates and the walls around the floor?

Member : 000 is checking them right now.

Leader : Great. We are planning to block the entrances to the waiting-room except 2 ways.

Member : I will tell the guards to gather in so we can do it all together.

Leader : No, we have enough time. Please let them finish their work first.

Member : Okay.

경호팀장 : 경비알람이 울렸습니다. 이곳에 무슨 일이 있습니까?

경 호 원 : 제가 테스트 하는 중이였습니다.

경호팀장 : 알겠습니다. 그리고 무대주변에 출입구나 방어벽의 상태를 확인하셨습니까?

경 호 원 : 지금 000가 하고 있는 중입니다.

경호팀장 : 네. 현재 저희는 대기실로 통하는 문을 2개를 제외하고 모두 막을 계획을 하고 있습니다.

경 호 원 : 그럼 다른 경호원들을 불러 모아 모두 같이 할 수 있도록 하겠습니다.

경호팀장 : 아직 시간적 여유가 충분합니다. 먼저 자신의 일을 끝마치도록 놔두세요.

경 호 원 : 알겠습니다.

행사 전 경호원의 임무확인

- **경호원들에게 자신의 위치를 정해주십시오.**

Please make the positions of the guards.

Tell the guards where they are positioned.

- **경호원들이 해야 할 일에 대해 설명해주세요.**

Explain what the guards have to do.

Brief their duties during the conference.

Tell them the responsibility of the security.

- **경호원들에게 방문객 명단을 나눠주세요.**

Please hand the visitor list to the guards.

Give them a guest list.

위해요소를 탐색할 때

- **무대 주변의 출입구와 울타리, 의자들의 상태를 살펴보았습니까?**

Did you check the conditions of the gates, fences and the chairs around the floor?

- **출입구에서 대기실까지 오는 길 살펴보는 것을 잊지 마세요.**

Don't forget to check the route to the waiting-room from the gate.

- **이 주변에 도청장치들이 있는지 살펴보셨습니까?**

Did you check that there are any wiretapping devices around here?

- **무대주변에서 폭탄과 비슷한 걸 찾아 즉시 제거하였습니다.**

We found something looks like bomb around the floor so removed it immediately.

행사장 내 경호 계획을 설정할 때

- **그중 하나는 대기실로 바로 통하는 길이 될 것이고, 다른 하나는 비상통로가 될 것입니다.**

One will be the direct way to the waiting-room, and the other will be an emergency way.

- **3명의 경호원은 대기실을 맡고, 2명의 경호원이 VIP와 항상 동행할 것입니다.**

Three guards will take care of the waiting-room, and 2 guards will always be with VIP.

• 2개의 동선을 제외하곤 대기실로 통할수 있는 모든 출입구를 차단할 예정입니다.

We will block the entrances to the waiting-room except 2 ways.

• 매 출입구마다 경호원이 배정될 것입니다.

The guards will be assigned to every single gate.

We will set the guard at each entrance.

• 손님들을 위한 비상 대피로를 설정하였습니다.

We set up the emergency exit to the outside for the guests.

기 타

- **비상전력을 체크해 주세요.**

Please check the emergency power.

- **마이크와 다른 전자기기들은 작동이 잘 되고 있습니다.**

The MICs and electronic devices are all fine.

- **이쪽 통로는 비워 두세요.**

Keep this aisle clear.

- **모두 확인 되었습니다.**

It's all cleared.

Glossary

aisle	ⓝ 통로, 복도
bomb	ⓝ 폭탄, 수류탄
block	ⓥ 막다, 차단하다
condition	ⓝ 주위의 상황, 상태
clear	ⓥ 해결하다
duty	ⓝ 의무, 임무
electronic devices	ⓝ 전기장치
emergency exit	ⓝ 비상출구
emergency power	ⓝ 비상전력
emergency way	ⓝ 비상통로
enough	ⓐ 충분한
except	~을 제외하고
explain	ⓥ 설명하다, 해석하다
fence	ⓝ 울타리, 담
floor	ⓝ 지면, 회의장
forget	ⓥ 잊다, 망각하다

gate	ⓝ 문, 통로
gather	ⓥ 모이다, 집결하다
guest list	ⓝ 방문객 명단
hand	ⓥ 건네주다, 보내다
matter	ⓝ 문제
plan	ⓥ 계획하다
position	ⓥ 배치하다
	ⓝ 위치, 장소
remove	ⓥ 제거하다, 치우다
responsibility	ⓝ 책임, 의무
route	ⓝ 도로, 통로, 노선
security alarm	ⓝ 경비알람
waiting-room	ⓝ 대기실
wiretapping devices	ⓝ 도청장치

Unit 2. 출입통제

비관계자가 출입하려 할 때
신분을 확인할 때
입장을 도울 때
금지사항을 안내할 때
기타

Unit 2. 출입 통제

Guard : Excuse me, sir. How did you get here?

Guest : I am here to see my friend.

Guard : Here is the restricted area for visitors.

Guest : Oh, really? I didn't know that.

Guard : Could you please make your way to the nearest exit right now?

Guest : But I have to see my friend!

Guard : Staff only can access to this entrance.

Guest : My friend said I will be on the special list here.

Guard : Really? Can I have your full name with ID card?

Guest : Here you are.

Guard : Can you wait for a moment? I have to see whether you are on the list or not.

Guest : Okay.

경호원 : 죄송하지만 이곳에 어떻게 오셨습니까?

내방객 : 친구를 좀 만나러 왔습니다.

경호원 : 이곳은 내방객들에겐 출입이 제한된 곳입니다.

내방객 : 아, 몰랐습니다.

경호원 : 지금 당장 가까운 출입구를 통해 나가 주시겠습니까?

내방객 : 하지만 친구를 만나야 합니다.

경호원 : 이 출입구는 직원들만 출입이 가능합니다.

내방객 : 제 친구말로는 제가 특별 명단에 있다고 하던데요?

경호원 : 그러면 신분증과 함께 성함을 좀 말씀해 주시겠습니까?

내방객 : 신분증은 여기 있습니다.

경호원 : 잠시만 기다려 주시면 명단에 이름이 있는지 여부를 확인해드리겠습니다.

내방객 : 네, 알겠습니다.

비관계자가 출입하려 할 때

• **이곳에 어떻게 오셨습니까?**

How did you come here?

What are you doing here?

• **어떤 용무로 오셨습니까?**

Can I ask you why you are here?

What is the reason for coming?

• **이곳에 들어오시면 안 됩니다.**

You are not allowed to come in.

You are not supposed to be here.

Sorry you can't be here.

• **이곳은 내방객들에겐 제한된 구역입니다.**

Here is the restricted area for visitors.

- **가까운 출구로 나가주시기 바랍니다.**

Please make your way to the nearest exit.

Why don't you go out?

- **관계자 외에는 이 출입구를 통과 하실수 없습니다.**

Staffs can only access to this entrance.

Sorry, staff only.

신분을 확인할 때

- **신분증 좀 보여주시겠습니까?**

Can I see your ID card please?

- **성함과 신분증을 좀 제시해주세요.**

Can I have your full name with ID card?

Please give me your name and ID card.

• **당신이 명단에 있는가를 좀 봐야할 것 같습니다.**

I have to see whether you are on the list or not.

Let me see you are on the list or not.

• **초대장이나 출입증을 가지고 계십니까?**

Do you have any invitations or passes?

• **초대장과 신분증을 보여 주세요.**

Please show me your ID with invitation.

• **죄송하지만 초대장 없이는 입장이 안됩니다.**

I'm sorry but you cannot enter without any invitations.

입장을 도울 때

- **순서대로 서주세요.**

Please stand in a queue.

- **줄을 서주세요.**

Please stay in a line.

Line up please.

- **자신의 그룹과 함께 입장하겠습니다.**

You will enter with your group.

- **제가 이름을 부르겠습니다.**

We will call out your name.

금지사항을 안내할 때

- **개인 소지품을 가지고 입장 하실 수 없습니다.**

You cannot carry your own belongings with you.

- **저쪽에 보관실이 있으니 그곳에 개인소지품을 맡겨주세요.**

There is a strong room. You can keep your belongings there.

- **이곳에선 보안상 전자기기를 사용 하실 수 없습니다.**

You cannot use any electronic devices here for the security reason.

- **이곳에서는 사고파는 것이 허락되지 않습니다.**

Selling or buying things are not permitted in this area.

- **개인음식을 따로 가지고 오시면 안됩니다.**

You cannot bring your own food.

- **개인음식은 사물함에 보관해 주세요.**

Please keep your own food at the locker.

- **애완동물은 모두 금지되었습니다.**

All pets are prohibited.

- **이곳에서 주류는 허가되지 않았습니다.**

No alcohol is allowed here.

- **이곳에선 사진을 찍을 수 없습니다.**

No pictures can be taken here.

• **죄송하지만 당신의 가방이 너무 크니, 저희가 드렸던 가방을 사용해 주세요.**

I'm sorry. But your bag is too big. Please use the bag we gave you.

• **캐주얼 복장으론 입장 하실 수 없습니다.**

You cannot enter with casual clothes.

기 타

• **편안한 복장으로 오십시오.**

Casuals, please.

Come over in your casual clothes please.

• **정장을 입어주세요.**

You should wear formally.

- **명찰은 왼쪽가슴에 달아주시기 바랍니다.**

Please put your name tag on your left chest.

- **그쪽으로는 들어가는 길이 없습니다.**

There is no way to enter.

- **바닥에 사인을 따라가 주시기 바랍니다.**

Please follow the signal on the floor.

Glossary

access	ⓝ 접근, 출입
allow	ⓥ 허락하다, 허가하다
belonging	ⓝ 소유물, 소지품
bring	ⓥ 가져오다, 데려오다
call out	ⓥ 큰소리로 부르다
carry	ⓥ 운반하다, 휴대하다
chest	ⓝ 가슴
enter	ⓥ ~에 들어가다
formally	정식으로
ID card	ⓝ 신분증
invitation	ⓝ 초대장
line up	ⓥ 일렬로 늘어서다
name tag	ⓝ 이름표
nearest	ⓐ 가장 가까운
pass	ⓝ 통행권, 허가권
permit	ⓥ 허락하다, 용납하다

prohibit	ⓥ 금지하다
queue	ⓝ 열, 줄, 행렬
reason	ⓝ 이유, 까닭
restricted	ⓐ 제한된, 한정된
signal	ⓝ 신호, 암호
special list	ⓝ 특별 명단
staff member	ⓝ 직원
strongroom	ⓝ 금고실, 귀중품실
suppose	ⓥ 가정하다, 추측하다
visitor	ⓝ 방문자, 관광객
whether	~인지 아닌지

Unit 3. 보안검색

보안검색에 대한 안내를 할 때

검색을 할 때

무엇인가 감지되었을 때

Unit 3. 보안 검색

Guard : Excuse me, sir. Whoever enters here should follow the security inspection.

Guest : Oh, sorry. I didn't know that. What's this for, though?

Guard : We are taking special precautions for the safety.

Guest : Okay.

Guard : Please take off your jacket and shoes and put your bags on the table.

Guest : Here you are.

Guard : Do you have something in your pocket?

Guest : Yes. I have some coins.

Guard : Please empty everything you have in your pocket.

Guest : Ok.

Guard : No USBs are allowed here.

Guest : Then where should I keep it?

Guard : There is a locker so you can keep your personal belongings.

경호원 : 죄송하지만, 이곳에 들어오시는 모든 분들은 보안검색을 받으셔야 합니다.

내방객 : 아, 몰랐습니다. 근데 왜 받아야 하죠?

경호원 : 안전을 위한 예방차원입니다.

내방객 : 네.

경호원 : 재킷과 신발을 벗으시고, 가방은 테이블 위에 놓아주십시오.

내방객 : 여기 있습니다.

경호원 : 주머니에 뭐가 있습니까?

내방객 : 네, 동전을 좀 가지고 있습니다.

경호원 : 주머니에 있는 것을 모두 비워 주십시오.

내방객 : 알겠습니다.

경호원 : USB는 가지고 들어가실 수 없습니다.

내방객 : 그러면 어디다 보관합니까?

경호원 : 저쪽으로 가면 사물함이 있으니 그곳에 보관하시면 됩니다.

보안검색에 대한 안내를 할 때

- **이곳에 들어오는 사람이 누구든 무조건 보안검색을 받아야 합니다.**

Whoever enters here should follow the security inspection.

- **보안상의 이유로 모든 이들의 소지품은 검색됩니다.**

Under the security reason, everyone's belongings will be scanned.

- **마약수색을 위해 경찰관과 경찰견이 와있습니다.**

We have police official and police dogs that will be searching the drugs.

- **그 누구도 흉기나 인화성 물질을 가지고 들어오실 수 없습니다.**

No one can enter with any offensive weapons and flammable materials

• **저희는 특별 예방조치를 하고 있는 중입니다.**
We are taking special precautions.

검색을 할 때

• **재킷과 신발을 벗어주세요.**
Please take off your jacket and shoes.

• **시계 같은 금속 물은 이곳에 놓아주세요.**
Put any metals like watch here.

• **가방을 테이블위로 놓아주세요.**
Put your bag on the table, please.

• **모든 소지품을 바구니에 넣어주세요.**
Please put all your things in this basket.

• **가방 안에 무엇이 들었습니까?**
What do you have in your bag?

- **주머니에 뭐가 들었습니까?**

What is in your pocket?

- **주머니에 있는 것을 모두 비워주세요.**

Empty everything you have in your pocket.

- **금속 탐지기를 통과해주세요.**

Step through the metal detector please.

- **발판위에 올라가서 휴대용 검색기로 검색을 받으세요.**

Step up on the checkpoint for hand scanning.

무엇인가 감지되었을 때

- **경보기가 울렸습니다.**

The security alarm went off.

- **금속 탐지기로 다시 한 번 가주시겠습니까?**

Can you walk back to the metal detector again?

- **무언가가 감지되었습니다.**

We are detecting something.

- **무기로 보이는 무언가가 있습니다.**

There is something like weapon.

- **그게 무엇인지 봐도 되겠습니까?**

Can I see what that is?

- **USB나 전자기기는 보안상의 문제로 사용하실 수 없습니다.**

You cannot use any USBs or electronic devices for security reason.

Glossary

coin	ⓝ 화폐, 금전
checkpoint	ⓝ 검문소, 검사점
detect	ⓥ 발견하다, 탐지하다
drug	ⓝ 약, 마약
empty	ⓐ 빈, 비어있는
ignitable	ⓐ 가연성의
locker	ⓝ 로커, 사물함
metal detector	ⓝ 금속 탐지기
offensive	ⓐ 공격적인, 공격의
personal belonging	ⓝ 개인 소지품
pocket	ⓝ 호주머니
precaution	ⓝ 조심, 경계, 예방책
put in	ⓥ ~놓다, 넣다
safety	ⓝ 안전, 무해
scan	ⓥ 탐지하다
search	ⓥ 찾다, 탐색하다

security inspection	ⓝ 보안 검색
step up	ⓥ 올라가다
take off	ⓥ 벗다
though	~이긴 하지만
weapon	ⓝ 무기, 흉기
whoever	~하는 누구든지

Unit 4. 분실 및 도난

분실물에 대해 물을 때
분실물 보관
도난사건에 대하여 물을 때
기타

Unit 4. 분실 및 도난

Visitor : I lost my mobile phone here. Did you get my mobile phone?

Guard : What color is your phone? Black? White?

Visitor : No, it's pink color phone.

Guard : Sorry we don't have anything like that.

Visitor : Oh, No. Then what can I do for it?

Guard : Do you want me to contact you if I got it?

Visitor : Yes, please.

Guard : Could you please write your name and emergency number?

Visitor : Here you are.

Guard : You have to know that we are not taking any responsibilities of it.

Visitor : Okay. Please give me a call.

Guard : Next time, you should be careful with your things.

방문객 : 핸드폰을 잃어버렸습니다. 혹시 핸드폰 습득물이 있습니까?

경호원 : 색상이 무슨 색입니까? 검은색? 흰색?

방문객 : 아니요. 핑크색상의 핸드폰입니다.

경호원 : 죄송합니다. 저희는 그런 것을 가지고 있지 않습니다.

방문객 : 맙소사, 그럼 어떻게 해야 합니까?

경호원 : 그런 물건을 발견하면 연락드리길 원하십니까?

방문객 : 네, 그렇게 해주세요.

경호원 : 그럼 이름과 비상연락처를 적어주십시오.

방문객 : 여기 있습니다.

경호원 : 저희는 이러한 일에 어떠한 책임을 지지 않는다는 것을 알아두셔야 합니다.

방문객 : 네, 연락 주십시오.

경호원 : 다음부턴 소지품에 주의해주십시오.

분실물에 대해 물을 때

• 잃어버린 물건이 있으십니까?
Did you lose anything?

• 어떤 종류의 물건입니까?
What kind is it?

• 그 물건의 색상은 어떻게 됩니까?
What is the color of your thing?

• 그것과 비슷한 물건을 가지고 있습니다.
We have something similar to that.

• 죄송하지만 그러한 물건은 없습니다.
Sorry we don't have anything like that.

• **그러한 물건을 찾으면 연락드리겠습니다.**

We will call you when we found those things.
I will contact you if I got them.

• **성함과 연락처를 적어주세요.**

Please write your name and phone number.
Would you please write your name and emergency number?

분실물 보관

• **분실물은 1주일동안 보관되며, 그 뒤에는 폐기됩니다.**

We keep the loss only for a week, and after that we will dispose of them.

- **중요한 물건은 사물함에 보관해 주십시오.**

Please keep any valuables in the locker.

- **사물함은 하루 동안만 사용하실 수 있습니다.**

You can use the locker only for a day.

- **궁금한 사항이 있으시면 이번호로 연락주세요.**

Please call on this number if you have questions.

도난사건에 대하여 물을 때

- **어디서 도난당하셨습니까?**

Where did you get robbed?

- **도난당한 물건은 어떤 것입니까?**

What kind of thing are you lost?

• **도둑을 보셨습니까?**

Have you seen the thief?

Did you see him?

• **인상착의는 어떠합니까?**

How does he look like?

How is he like?

• **주변에 목격자가 있습니까?**

Did anyone see you stolen?

Did anyone see that?

• **그 주변 CCTV를 돌려보도록 하겠습니다.**

We will look at the CCTV recording.

• **물건을 왜 훔치셨습니까?**

Why did you steal it?

- **저는 결백합니다.**

I am innocent.

I didn't do anything.

- **결백을 증명 할 수 있나요?**

Can you prove you are innocent?

Can you prove you did nothing wrong?

- **당신이 그분의 지갑을 훔친 것을 본 목격자들이 몇 명 있습니다.**

We have several witnesses who saw you stealing her wallet.

- **주인에게 물어본 뒤 당신을 경찰서에 넘길것인지 결정하겠습니다.**

We will ask the owner what to do with you then decide whether you go to the police station or not.

기 타

- **제 물건이 파손되었습니다.**

My baggage was damaged.

My valuable are damaged.

- **개인소지품을 잃어버리지 않도록 조심해 주세요.**

Please be careful with your belongings.

- **저희는 분실물에 관해서는 책임지지 않습니다.**

We are not responsible for the loss.

Glossary

baggage	ⓝ 수화물
contact	ⓥ 접촉하다, 연락하다
decide	ⓥ ~을 결심하다
dump	ⓥ 내버리다
innocent	ⓐ 무구한, 결백한
lose	ⓥ 잃다, 상실하다
loss	ⓝ 분실, 상실
owner	ⓝ 임자, 소유권자
prove	ⓥ 증명하다, 입증하다
recording	ⓐ 기록하는, 기록용의
responsible	ⓐ 책임있는
rob	ⓥ ~에서 훔치다
several	몇몇의
similar	ⓐ 유사한, 비슷한
thief	ⓝ 도둑, 절도범
use	ⓥ 쓰다, 사용하다

valuable	ⓐ 귀중한, 값비싼
wallet	ⓝ 지갑
witness	ⓝ 증인, 목격자
wrong	ⓐ 잘못된, 틀린

Unit 5. 안　내

길 안내를 할 때
행사에 관련된 안내

Unit 5. 안내

Visitor : I am lost. Where am I?

Guard : You are next to the lobby on the 1st floor.

Visitor : But I was from the lobby.

Guard : There are 2 lobbies here. You just came from the opposite side of lobby then.

Visitor : Where is the toilet? I was looking for it.

Guard : The toilet is right next you on the left.

Visitor : Thank you. When does the concert start anyway?

Guard : It has been delayed for an hour.

Visitor : Really? Why?

Guard : Because of the security reason.

Visitor : I didn't notice that.

Guard : We will handle it as fast as possible. Sorry for the inconvenience.

방문객 : 길을 잃었습니다. 여기가 어디입니까?

경호원 : 이곳은 1층에 있는 로비 바로 옆입니다.

방문객 : 하지만 제가 로비에서 이곳으로 왔습니다.

경호원 : 여기엔 2개의 로비가 있는데, 그렇다면 반대편 로비에서 이쪽으로 오셨을 겁니다.

방문객 : 화장실은 어디인가요? 그걸 찾는 중이였습니다.

경호원 : 화장실은 지금 서 계신 곳 바로 왼쪽 옆에 있습니다.

방문객 : 감사합니다. 근데 콘서트는 언제 시작하나요?

경호원 : 1시간정도 지연되었습니다.

방문객 : 정말인가요? 왜죠?

경호원 : 보안적인 이유 때문에 그렇습니다.

방문객 : 알아채지 못했습니다.

경호원 : 최대한 빠르게 처리하겠습니다. 불편을 끼쳐드려 죄송합니다.

길 안내를 할 때

- **길을 잃어 버리셨습니까?**

Are you lost?

- **화장실을 찾으십니까?**

Are you looking for a bathroom?

- **저와 함께 가시겠습니까?**

Do you want to come with me?

Please come with me.

- **제가 안내해 드리겠습니다.**

I'll take you there.

I will come with you.

- **제가 있는 곳이 어디입니까?**

Where am I?

Can you tell me where I am?

• **저에게 지도를 그려줄 수 있습니까?**

Can you draw a map for me?

• **여기서 얼마나 걸립니까?**

How far is it from here?

How long does it take from here?

• **곧장 가시면 됩니다.**

Just go straight.

It's straight ahead.

Keep going straight.

• **그곳을 아는 분께 여쭈어 보겠습니다.**

I will ask someone who knows there.

I will see if anyone knows that place.

행사에 관련된 안내

- **주변 상황으로 인해 행사가 취소되었습니다.**

Due to the circumstance, the event has been cancelled.

Because of the circumstance, the conference is cancelled.

- **행사가 1시간정도 늦춰진 점에 대하여 사과드립니다.**

We apologize that the event is delayed for an hour.

- **회의가 날씨 때문에 연기되었습니다.**

The conference was put off on account of weather.

- **이곳은 내일 행사가 열릴 장소입니다.**

Here is where the event will be located tomorrow.

Glossary

ahead	앞에, 전방에
apologize	ⓥ 사죄하다, 사과하다
cancel	ⓥ 취소하다, ~지우다
circumstance	ⓝ 상황, 환경
delay	ⓥ 미루다, 연기하다
draw	ⓥ 그리다
far	ⓐ 멀리, 먼 곳으로
handle	ⓥ 취급하다, 처리하다
inconvenience	ⓝ 불편함, 폐
lobby	ⓝ 로비
look for	ⓥ ~을 찾다
notice	ⓥ ~을 알아채다, ~을 인지하다
on account of	~ 때문에
opposite	ⓐ 맞은편의, 정반대의
put off	ⓥ 연기하다, 미루다
straight	ⓐ 곧은, 일직선의

2

안전사고와 응급처치

Unit 1. 혼란 통제

행사 입장 시
혼란 통제 시

Unit 1. 혼란 통제

Guard : The conference will start in 30 minutes. Please, wait outside.

Visitor : I will enter first!

Guard : Please wait for your turn. We will call your name out.

Visitor : But I came first!

Guard : Due to the security reason, we have to let you enter in order on the list.

Visitor : Okay, then.

Guard : Before the conference starts, Don't forget to keep your mobile phones off or vibrated.

Visitor : Can we take any photos or videos here?

Guard : No, only the permitted media can do it.

Visitor : Where can I get a permission?

Guard : You have to apply for it before a week.

Visitor : Okay, Thank you for the information.

경호원 : 회의가 30분 내로 시작될 것입니다. 밖에서 기다려 주십시오.

방문객 : 내가 가장 먼저 들어가겠습니다!

경호원 : 자신의 차례를 기다려 주십시오. 이름을 불러 드리겠습니다.

방문객 : 하지만 내가 가장 먼저 왔습니다!

경호원 : 보안적 이유 때문에 목록에 있는 순서대로 들어가야 합니다.

방문객 : 알겠습니다.

경호원 : 회의가 시작하기 전에, 핸드폰을 끄거나 진동으로 해놓는걸 잊지 마십시오.

방문객 : 사진이나 동영상을 촬영할 수 있나요?

경호원 : 아니요. 허락된 매체만 할 수 있습니다.

방문객 : 어떻게 승낙을 받습니까?

경호원 : 1주전에 신청해야 합니다.

방문객 : 좋은 정보 감사합니다.

행사 입장 시

• **행사가 시작되어서 첫 부분이 끝나기 전까진 입장하실 수 없습니다.**

The event has been started. You cannot enter until the first section finished.

• **첫 파트는 30분 내로 종료될 것입니다.**

The first section will be finished in thirty minutes.

• **행사장은 현재 인원이 가득 찼습니다.**

The event room is full right now.

• **행사장에 여유가 생기면 들어갈 수 있도록 하겠습니다.**

We will let you enter when the event room is ready.

• **빠르게 입장하실 수 있도록 돕겠습니다.**

We will help you with entering faster.

혼란 통제 시

• **앉아서 조용히 해주세요.**

Please sit down and be quiet.

• **목소리를 낮춰주세요.**

Keep your voice down please.

• **자신의 차례를 기다려 주시기 바랍니다.**

Please wait for your turn.

• **앞좌석부터 입장하여 주시기 바랍니다.**

Please make a way to enter from the front seats.

- **뒷좌석부터 나가주세요.**

Please leave from the back seats.

- **핸드폰을 끄거나 진동으로 설정해주세요.**

Turn off your phone or set it vibrated.

- **화재발생! 몸을 낮추고 밖으로 나가주세요.**

Fire. Please down your body and make a way to outside.

- **엘리베이터는 이용하지 말아주세요.**

Don't use the elevator.

- **계단을 이용해 주시기 바랍니다.**

Please use a stair way.

- **행사장의 전원이 갑자기 나갔으니 비상전력을 올려주세요.**

The power has been suddenly off. Please turn the emergency power.

- **행사장의 조명이 갑자기 작동하지 않으니, 다른 조명들을 사용해 주세요.**

The lights are suddenly not working. Please use the rest of them.

Glossary

apply for	ⓥ 신청하다, 지원하다
elevator	ⓝ 승강기
faster	ⓐ 더 빠른
full	ⓐ 가득한
light	ⓝ 빛, 등불
off	끊기어, 멈추어
outside	ⓝ 바깥쪽, 외면
order	ⓝ 순서, 서열
permission	ⓝ 허가, 허용
quiet	조용한
rest	ⓝ 나머지, 여분
section	ⓝ 구간, 구역
stair way	ⓝ 계단길
suddenly	갑자기, 돌연
turn off	ⓥ 잠그다, 끄다
vibrate	ⓥ 진동하다, 떨다
work	ⓥ 작동하다

Unit 2. 제 압

범인을 제압할 때

기타

Unit 2. 제압

Guest : Excuse me, sir.

Guard 1 : Yes, how can I help you?

Guest : There is a man who is yelling at the people around the museum.

Guard 1 : Really? I will send the guard right now.

Guard 2 : We got a complaint about your behavior. Can you keep quiet please?

Stranger : I need to talk to the chairman here. I won't stop till he comes out!

Guard 2 : If you keep yelling like that we have to physically escort you out of here.

Stranger : Do it. I won't follow you.

Guard 2 : You are really disturbing people. I will take you to the office.

방문객 : 저기요.

경호원 1: 네, 무엇을 도와드릴까요?

방문객 : 박물관 주변에 사람들에게 소리를 지르는 사람이 있습니다.

경호원 1 : 그렇습니까? 지금 바로 경호원을 보내겠습니다.

경호원 2 : 당신의 행동에 대해서 불만이 접수되었습니다. 조용히 해주시겠습니까?

외부인 : 회장이랑 얘기를 하고 싶다. 그 사람이 나올 때까지 멈추지 않겠다!

경호원 2 : 계속 그렇게 소리를 지르시면 강제로 끌어내겠습니다.

외부인 : 그렇게 해봐라. 난 따라가지 않을 것이다!

경호원 2 : 사람들을 너무 방해하는군요. 당신을 사무실로 데려 가겠습니다.

범인을 제압할 때

• **움직이지 마십시오.**

Freeze.

Don't move.

• **물러서십시오.**

Back off.

• **무기를 버리고 손을 들어라.**

Put down your weapon and raise your hands.

Put your weapons down and hands up.

• **고개를 숙이고 움직이지 마라.**

Keep your heads down and don't move.

• **너는 이미 포위되었다.**

You are already surrounded by us.

You have nowhere to escape.

• **물건을 훔친 혐의로 연행하겠습니다.**

You are under arrest for stealing things.

You will be arrested for robbing things

• **당신을 법을 어겼습니다.**

You broke the law.

• **무슨 일이 있었는지는 목격자와 얘기하겠습니다.**

We are going to talk to the witnesses about what happened.

• **저희를 따르지 않으면, 강제로 끌어내겠습니다.**

If you don't follow us, we will physically escort you out of the conference.

기 타

- **범인을 알아볼 수 있습니까?**

Can you recognize who the criminal is?

Can you identify the criminal when you see him?

- **기물파손을 하고 있다는 연락을 받고 왔습니다.**

We got a call about someone breaking the property here.

- **당신은 회의를 방해하고 있습니다.**

You are disturbing the conference.

- **이곳이 시끄럽다는 항의가 들어왔습니다.**

We got a complaint about making noise around here.

Glossary

already	이미, 벌써
arrest	ⓥ 체포하다
back off	ⓥ 물러서다, 철회하다
behavior	ⓝ 행동, 행실
break	ⓥ 깨뜨리다, 부수다
complaint	ⓝ 불평
criminal	ⓐ 범죄의
disturb	ⓥ 방해하다
escape	ⓥ 달아나다
escort	ⓥ 호송하다, 호위하다
freeze	ⓥ 얼다, 동결하다
identify	ⓥ 확인하다, 신원을 밝히다
move	ⓥ 움직이다
physically	물리적으로
property	ⓝ 재산, 자산, 소유권

raise	ⓥ 올리다, 끌어올리다
recognize	ⓥ 알아보다, 인지하다
surround	ⓥ 에워싸다, 둘러싸다
yell	ⓥ 고함치다

Unit 3. 응급처치

증상을 확인할 때

증상에 대한 여러 가지 표현

기타

Unit 3. 응급처치

Guard : What's the matter here?

Stranger : Something was dropped from the top! She got hit by that!

Guard : Are you okay?

Patient : Yes……. Please call 119.

Guard : What symptoms do you have?

Patient : I feel like my ankle is broken.

Guard : Can you try to walk?

Patient : No, I can't move my leg. I don't feel anything.

Guard : I called the ambulance. They will be here soon.

Patient : Thank you. Do you have anything to drink? I feel thirsty.

Guard : I have water and also an anodynes.

Patient : Give me water please.

Guard : The ambulance is here. Please take a look over her body and check her injuries.

경호원 : 이곳에 무슨 일이 있습니까?
방문객 : 위에서 뭔가 떨어진 것에 이 사람이 맞았습니다.
경호원 : 괜찮으십니까?
환 자 : 네……. 119를 불러주세요.
경호원 : 증상은 어떻습니까?
환 자 : 제가 느끼기엔 발목이 부러진 것 같습니다.
경호원 : 걸을 수 있습니까?
환 자 : 아니요. 다리를 움직일 수가 없습니다. 아무것도 느껴지질 않아요.
경호원 : 구급차를 불렀습니다. 조만간 이곳에 도착할 것입니다.
환 자 : 감사합니다. 혹시 마실 것 좀 있나요? 목이 바릅니다.
경호원 : 물도 있고 진통제도 있습니다.
환 자 : 물 좀 주세요.
경호원 : 구급차가 왔습니다. 이분의 몸 좀 봐주시고 상처도 좀 봐주세요.

증상을 확인할 때

• **무슨 일입니까?**

What's the matter with you?

What happened to you?

• **증상이 어떻습니까?**

What symptoms do you have?

• **어디가 아프십니까?**

Is there anything wrong?

Where are you hurt?

What is your complaint?

• **아직도 아프십니까?**

Do you still feel pain?

Does it hurt?

• **괜찮으십니까?**

Are you okay?

Are you all right?

• **굉장히 피곤해 보이십니다.**

You look very tired.

you seem to be very tired.

• **감기에 걸리셨습니까?**

Do you have a cold?

• **아플 때 먹는 약을 가지고 계십니까?**

Do you take any special medicines when you are sick?

증상에 대한 여러 가지 표현

- **다리에 타박상을 입었습니다.**

I got a bruise on my leg.

- **어깨가 결립니다.**

I have a stiff shoulder.

- **심각한 것은 아닙니다.**

Don't take it seriously.

- **먼지 알레르기가 있습니다.**

I am allergic to dust.

- **이분은 임산부입니다.**

She is pregnant.

- **그녀는 열이 좀 있습니다.**

She's got a temperature.

• **체한 것 같습니다.**

I think I have indigestion.

• **토할 것 같습니다.**

I feel like vomiting.

I feel nauseated.

• **목이 쉰 것 같습니다.**

My voice is quite hoarse.

• **생리통이 있습니다.**

I have period pain.

• **배가 아픕니다.**

I feel sick to stomach.

I have a stomachache.

• **잇몸이 부었습니다.**

My gums are swollen.

• **입안에 염증이 생겼습니다.**

I have an inflammation in my mouth.

• **목이 너무 아픕니다.**

I have a sore throat.

• **채한데 먹는 약을 가지고 있습니다.**

We have some medicine for an upset stomach.

기 타

• **담배를 끊는 것이 좋겠습니다.**

You'd better quit smoking.

• **편하게 쉬세요.**

Please relax.

Make yourself comfortable please.

- **119를 불러주세요. 만약 환자가 CPR을 필요로 한다면 제가 하겠습니다.**

Please call 119. I'll do CPR if he needs it.

- **의료팀이 왔습니다. 다친 곳이 있는지 살펴봐주세요.**

The ambulance is here. Please take a look over her body and check her injuries.

Glossary

allergic	ⓐ 알레르기가 있는
bruise	ⓝ 멍, 타박상
gum	ⓝ 잇몸
hoarse	ⓐ 목소리가 쉰
indigestion	ⓝ 소화불량
inflammation	ⓝ 염증
nauseate	ⓥ 매스껍게 하다
period pain	ⓝ 생리통
pregnant	ⓐ 임신한
quit	ⓥ 그만두다, 그만하다
shoulder	ⓝ 어깨
sore	ⓐ 아픈, 따가운
stiff	ⓐ 뻣뻣한, 결리는
stomachache	ⓝ 위통, 복통
swollen	ⓐ 부어오른, 불어난
symptom	ⓝ 증상, 징후

temperature	ⓝ 고열, 신열
thirsty	ⓐ 목이마른, 갈증나는
throat	ⓝ 목구멍, 목
vomiting	ⓝ 구토, 토하기

3

수행비서 경호원

Unit 1. 공항업무

탑승수속 시

비행기 스케줄의 변화 시

Unit 1. 공항업무

Guard : Now, it's time to check in.

V. I. P. : What gate should we go to?

Guard : We have to go to gate 7.

V. I. P. : But my colleagues didn't arrive yet. I think we have to change our flight schedule.

Guard : Okay, sir. I will reserve the next flight right away.

V. I. P. : Okay.

Guard : The next flight will be in 3 hours. Is that okay?

V. I. P. : That's fine with me.

Guard : Do you want to stay here and wait for your colleagues or go somewhere else?

V. I. P. : Let's move. Tell them I will be at the cafeteria.

경호원 : 이제 탑승수속을 할 시간입니다.

V. I. P : 어느 게이트로 하야 합니까?

경호원 : 7번 게이트로 가야 합니다.

V. I. P : 하지만 아직 나의 동료들이 도착하지 않았군요. 제 생각엔 비행기 스케줄을 바꿔야 할 것 같습니다.

경호원 : 알겠습니다. 다음 비행기를 예약하도록 하겠습니다.

V. I. P : 그러세요.

경호원 : 다음 비행기는 3시간 내로 있을 예정입니다. 괜찮으십니까?

V. I. P . 저는 괜찮습니다.

경호원 : 이곳에서 계속 동료 분들을 기다리시겠습니까? 아니면 다른 곳으로 가시겠습니까?

V. I. P : 이동합시다. 그 사람들에겐 커피숍에 있겠다고 말해주세요.

탑승수속 시

• 탑승수속은 몇 시에 합니까?

What time will you start boarding?

When is the boarding time?

When do you start boarding?

• 탑승수속은 언제 하실 겁니까?

When are you going to check in?

What time are you going to check in?

When do you have to check in?

• 이제 탑승수속을 밟으셔야 합니다.

You have to go and check in now.

You need to check in right now.

Let's go and check in.

It's time to check in.

- **일행분이 몇 명입니까?**

How many people are you with?

How many are there in your party?

- **출발 1시간 전부터 공항에서 대기하겠습니다.**

I will be present at the airport an hour before the departure time.

I will be waiting for you to come before an hour of your departure time.

- **이곳이 11번 게이트로 가는 길입니다.**

Here is the direct way to gate 11.

This is the way to gate 11.

비행기 스케줄의 변화 시

• **비행기가 결항입니다.**

The flight we are going to take is cancelled.

The flight has been cancelled.

• **비행기가 약간 늦어진다고 합니다.**

I heard that our flight will be late.

The flight will come later than it schedules.

The flight will be delayed.

• **얼마나 늦어집니까?**

How long will it be delayed?

• **얼마나 기다려야 합니까?**

How long should we wait for?

• **스케줄보다 3시간 정도 늦어질 예정입니다.**

It will be 3 hours behind schedule.

• **비행기를 놓쳤습니다.**

We missed the flight.

• **다음 비행기를 예약하겠습니다.**

I will reserve the next flight.

I will get you on the next flight.

• **좌석을 좀 바꾸고 싶습니다.**

Can I change the seats?

Can I exchange the seats with you?

Glossary

behind	뒤에, 늦어
boarding time	ⓝ 탑승시간
cafeteria	ⓝ 구내식당
check in	ⓝ 탑승수속
colleague	ⓝ 동료
departure time	ⓝ 출발시간
else	ⓐ 다른, 그밖의
exchange	ⓥ 교환하다, 교역하다
flight	ⓝ 비행, 항공편
hear	ⓥ 듣다, 들리다
miss	ⓥ 놓치다, 빠뜨리다
party	ⓝ 모임, 일행, 동아리
present	ⓐ 있는, 존재하는
reserve	ⓥ 예약해두다
secretary	ⓝ 비서, 사무관
somewhere	어딘가에, 어딘가로
wait for	ⓥ 기다리다, 대기하다
yet	아직, 아직까지는

Unit 2. 호텔업무

호텔예약 시

문제가 생겼을 경우

체크아웃 시

기타

Unit 2. 호텔업무

Guard : Is there any room available for 3 days?

Manager : From when?

Guard : From tomorrow.

Manager : Yes, we have one.

Guard : Can I reserve that room?

Manager : Of course. You can.

Guard : How much is the daily rate?

Manager : It is going to be $100 per night.

Guard : Any cheaper room available?

Manager : No. That's the last one.

Guard : Okay. Can I have that room?

Manager : May I have your name with phone number?

Guard : OOO. 123-4567

Manager : You are done with reservation. If there is any change, please let me know.

Guard : Thank you.

경호원 : 3일 동안 묵을 수 있는 방 있습니까?
지배인 : 언제부터요?
경호원 : 내일부터입니다.
지배인 : 네, 있습니다.
경호원 : 예약을 할 수 있을까요?
지배인 : 물론입니다.
경호원 : 하루 숙박비가 얼마입니까?
지배인 : 하루에 100달러입니다.
경호원 : 더 저렴한 방은 없습니까?
지배인 : 네, 그게 마지막 방입니다.
경호원 : 그럼 예약을 하겠습니다.
지배인 : 성함과 연락처를 알려주시겠습니까?
경호원 : OOO. 123-4567입니다.
지배인 : 네, 예약되었습니다. 만약 변경사항이 있으시면 저에게 알려주시기 바랍니다.
경호원 : 감사합니다.

호텔예약 시

- **오늘밤 묵을 수 있는 방이 있습니까?**

Do you have a room for tonight?

Are there any rooms available for tonight?

- **내일 호텔방 예약을 하고 싶습니다.**

I want to reserve a room for tomorrow.

Can I reserve a single room for tomorrow?

- **죄송합니다. 그날은 빈방이 없습니다.**

Sorry, we don't have any rooms available.

I am sorry but we have no vacancies on that day.

No rooms on that day. Sorry.

• **제 이름으로 예약된 방이 있는지 확인하고 싶습니다.**

Can you check if there is a reservation for a room under my name?

I'd like to confirm a reservation for my name.

• **내일로 되어있는 예약을 변경하고 싶습니다.**

Can I change my reservation for tomorrow?

I want to change my reservation for tomorrow.

• **예약날짜를 변경하고 싶습니다.**

Can I change the date of my reservation?

I'd like to change the date.

• **내일 호텔예약을 취소하고 싶습니다.**

Can I cancel my reservation for tomorrow?

How can I cancel my reservation?

- **숙박비는 얼마 입니까?**

How much is the daily rate?

What is the rate per night?

Can you tell me how much it costs per night?

- **더 저렴한 방은 없습니까?**

Don't you have anything cheaper?

Is there any cheaper room?

Do you have less expensive room available?

- **얼마나 머무르실 겁니까?**

How long are you going to stay?

How long will you stay?

- **이곳에서 일주일정도 머무를 예정입니다.**

I am planning to stay here for a week.

I am staying for a week.

• **하룻밤 더 연장 할 수 있습니까?**
Can I extend my stay for another night?

문제가 생겼을 경우

• **문이 저절로 잠겨버렸습니다.**
The door is locked by itself.

• **밖에서 차량 소음이 너무 많이 들립니다.**
I can hear a lot of traffic noise from the outside.

• **하수구가 막힌 것 같습니다.**
I guess the drain is clogged.

• **화장실 물이 나오지 않습니다.**
The toilet doesn't flush.

• **전화가 끊깁니다. 전화기를 좀 바꿔주세요.**

The phone is not working properly. Can you replace it please?

The phone keeps disconnected on the phone. Would please you change it?

체크 아웃시

• **체크아웃을 하겠습니다.**

I am checking out right now.

• **가격이 얼마나 나왔습니까?**

How much is the bill?

What is the total for this?

• **카드로 계산하겠습니다.**

I will put it on my credit card.

I will pay by my card.

- **현금으로 결제하겠습니다.**

I will pay with cash.

- **짐은 제가 옮겨드리겠습니다.**

I will take your luggages up to your room.

- **무슨 일이 생기면 언제든지 불러주십시오.**

Please call me if there is anything happens.

If you are in troubles, don't be hesitated to call me.

기 타

- **내일 아침 7시에 깨워드리겠습니다.**

I will wake you up at 7 in the morning.

I will call you at 7 o'clock.

- **내일 아침 8시까지 이곳에 오겠습니다.**

I will be here by 8 tomorrow morning.

- **저는 회의기간동안 손님들의 숙박을 담당하였습니다.**

I am in charge of guest accommodation during the conference.

I will take the accommodation for the visitors.

Glossary

available	ⓐ 이용할 수 있는
bill	ⓝ 계산서, 청구서
cash	ⓝ 현금, 현찰
charge	ⓝ 책임져야 할 사람
check out	ⓝ 체크아웃
clog	ⓥ 막다, 막히다
confirm	ⓥ 확인하다, 확정하다
cost	ⓥ ~비용이 들다
credit card	ⓝ 신용카드
daily rate	ⓝ 일일 대여료
disconnect	ⓥ 연결을 끊다
drain	ⓝ 배수관
extend	ⓥ 연장하다
flush	ⓥ 흘러나오다
happen	ⓥ 발생하다, 일어나다
hesitate	ⓥ 주저하다, 망설이다

lock	ⓥ 잠그다, 잠기다
luggage	ⓝ 짐, 수화물
pay	ⓥ 지불하다
reserve	ⓥ 예약하다
reservation	ⓝ 예약
total	ⓐ 총, 전체의
traffic noise	ⓝ 교통소음
vacancy	ⓝ 결원, 공석
wake up	ⓥ 잠에서 깨다

Unit 3. 전화업무

전화를 받을 때

전화상 양해를 구할 때

부재중일 때

기타

Unit 3. 전화업무

Guard : Hello, this is OOO from information desk.

Caller : Hi, Can I talk to the manager, please?

Guard : Can I ask who is calling?

Caller : This is the secretary from OO company.

Guard : Hi, but he is talking on the phone right now. Do you want him to call back?

Caller : Yes, please.

Guard : Your number please.

Caller : It's OOO-OOOO.

Guard : Any other messages from you?

Caller : No. Thanks.

Guard : Who should I say is calling?

Caller : The Chairman of OO. He wants to talk to him.

Guard : I got it.

Caller : Thank you.

경호원 : 여보세요. 안내데스크 OOO입니다.
발신자 : 여보세요, 매니저 좀 바꿔주시겠어요?
경호원 : 전화 거신 분은 누구신가요?
발신자 : OO회사의 비서입니다.
경호원 : 안녕하세요. 근데 그 분은 현재 통화중이십니다. 전화 드리라고 할까요?
발신자 : 네 부탁드립니다.
경호원 : 전화번호가 어떻게 되시죠?
발신자 : OOO-OOOO입니다.
경호원 : 남기실 메시지가 있으십니까?
발신자 : 아니요, 없습니다.
경호원 : 어디서 전화 왔다고 전해드릴까요?
발신자 : OO의 회장님께서 통화하고 싶어 하신다고 해주세요.
경호원 : 알겠습니다.
발신자 : 감사합니다.

전화를 받을 때

• 여보세요. (00 사무실) 000입니다.

Hello, this is 000 from (00 office.)

This is 000, 00's secretary.

Good morning, 00 office.

This is 000 speaking.

• 실례지만 누구십니까?

Who is this?

Who is speaking?

Who is calling please?

May I have your name please?

Can I ask who is calling?

• 무슨 일이십니까? (어떻게 도와드릴까요?)

May I help you?

What can I do for you?

What's this regarding?

Anything I can do for you?

- **누구라고 전해드릴까요?**

Who should I say is calling please?

- **담당자에게 연결해 드리겠습니다.**

I will let you talk to the person in charge.

- **그분을 바꿔드리겠습니다.**

Let me get him.

Let me get him to talk to you.

- **전화 왔습니다. 전화 받으세요.**

You have a call.

There is a call for you.

You are wanted on the phone.

전화상 양해를 구할 때

• 다시 한 번 말씀해 주시겠습니까?

Can I beg your pardon?

Can you speak slowly please?

Could you please say that again?

• 잘 안 들립니다.

I cannot hear you.

I am sorry. But I couldn't hear you.

• 전화를 잘못 거신 것 같습니다.

You have got the wrong number.

I am afraid you have the wrong number.

You must have dialed the wrong number.

• 잠시만 기다려 주세요.

Hold on please.

Hold the line please.

One moment please.

Can you wait a minute please?

• 밤늦게 전화 드려서 죄송합니다.

Sorry for disturbing you at night.

I am sorry to call you so late.

부재중일 때

• **그분은 현재 통화중 이십니다.**

The line is busy right now.

He is on another line.

He is talking on the phone right now.

• **죄송하지만 그분은 안계십니다.**

He is away.

He is not here right now.
I am sorry he is not in at the moment.
He is off today.

• **언제쯤 들어오시나요?**

When is he going to come back?
When do you think he'll be back?

• **5시쯤 들어오실 겁니다.**

He will be back around 5pm.
He will probably come back by 5 pm.

• **잠시 후에 전화주시겠습니까?**

Can you call me later?
Can you call back again in 10 minutes?

• **지금은 통화하기 곤란합니다.**

I am not available at the moment.
I don't have time to talk to you.

- **다시 전화 드리겠습니다.**

I will call you back later.

I will call you in a minute.

Let me call you back later.

- **전화번호를 남겨주시겠습니까?**

Can you leave your number please?

May I have your number please?

What is your number?

Your number please.

- **메시지를 남기시겠습니까?**

Do you want to leave me a message?

Would you like to leave me a message?

- **전화 드리라고 할까요?**

Do you want him to call you back?

Should she call you back?

Shall I have him call you when he is back?

- **000에서 전화가 왔었습니다.**

There was a call from 000.

000 called for you while you are out.

기 타

- **전화를 기다리고 있었습니다.**

I have been waiting for your call.

- **00을 대신해서 전화 드립니다.**

I am calling on behalf of 00.

- **죄송합니다만 000씨는 아직 안돌아 오셨습니까?**

I am sorry to bother you, but doesn't he come back yet?

• **전화해 봤는데 안 받으십니다.**

I have called him but he didn't answer my call.

I made a call but there was no answer.

• **전화 드리려던 참이었습니다.**

I was just about to call you.

I was going to call you.

I was thinking of calling you.

Tip. 통화 중 메모를 받아 적을 때

1. 날짜와 시간
2. 상대방의 이름, 회사, 부서 등
3. 용건을 파악하기 쉽게 간결히

Glossary

away	떨어져
beg	ⓥ 간청하다, 애원하다
bother	ⓥ 괴롭히다, 신경쓰다
call back	ⓥ 다시 전화를 하다
company	ⓝ 회사, 단체
dial	ⓥ 전화를 걸다
hold on	ⓥ 계속 잡고있다
information desk	ⓝ 안내 데스크
in charge	~을 맡은, ~ 담당인
manager	ⓝ 경영자
moment	ⓝ 잠깐, 잠시
on behalf of	~ 대신하여
pardon	ⓝ 용서
probably	아마
regard	ⓥ ~을 ~로 평가하다
slowly	느리게
wrong	ⓐ 틀린, 잘못된

Unit 4. 약속과 손님응대

약속을 정할 때
손님이 방문했을 때

Unit 4. 약속과 손님응대

Guard : Hi, I'm calling from OOO office. Can I make an appointment with the manager?

Secretary : Hello, I have to see his schedule first. Hold on please.

Secretary : When do you want to make it?

Guard : Is he available at 8pm on Friday?

Secretary : He will be busy on that day. What about Thursday?

Guard : That's fine with us.

Secretary : Can we make it earlier on Thursday?

Guard : You are always welcome at any time.

Secretary : Please name the place.

Guard : Can it be his office?

Secretary : Okay. I will reserve the meeting room. See you on Thursday.

Guard : See you.

경호원 : 여보세요. OOO 사무실입니다. 매니저와 약속을 잡을 수 있을까요?

비　서 : 안녕하세요. 우선 그분의 일정을 좀 봐야 할 것 같습니다. 잠시만 기다려 주세요.

비　서 : 언제 약속을 잡고 싶으시죠?

경호원 : 금요일 8시에 괜찮으신가요?

비　서 : 그날은 바쁘실 것 같습니다. 목요일은 어떻습니까?

경호원 : 저희는 괜찮습니다.

비　서 : 목요일 이른 시간에 괜찮으십니까?

경호원 : 아무 때나 괜찮습니다.

비　서 : 장소를 말씀해주십시오.

경호원 : 그분 사무실이여도 됩니까?

비　서 : 네, 회의실을 예약해 두겠습니다. 목요일에 뵙겠습니다.

경호원 : 그때 뵙겠습니다.

약속을 정할 때

• **내일 10시쯤 000과 약속을 잡고 싶습니다.**

Can I make an appointment with 000?

I want to schedule an appointment with 000.

• **시간과 장소를 정해주시겠습니까?**

Can you please name the place and time?

Please tell the place and time you want.

• 몇 시가 괜찮으십니까?

What time are you free?

What is the good time for you?

When is the most convenient time for you?

When do you want to meet?

• **8시쯤 괜찮으십니까?**

Are you going to be free at 8 pm?

Can I see you at 8?

Do you have any free time around 8 pm?

• 좀 더 일찍 만날 수 있습니까?

Can we meet earlier?

Why don't you make it earlier?

• 아무 때나 괜찮습니다.

You are always welcome at any time.

Come whenever you feel free.

• 오늘은 안 될 것 같습니다.

Today is not good.

I am busy today.

I don't have time today.

손님이 방문했을 때

- **실례지만 어떻게 오셨습니까?**

May I ask the purpose of your visit?
How did you come here?

- **누구를 만나러 오셨습니까?**

Who do you want to see?

- **약속을 정하고 오신 겁니까?**

Do you have an appointment with him?
Did you arrange the time with him?
Did you make an appointment with him?

- **지금 뵐 수 있는지 확인해보겠습니다.**

I will see if he is free.
I have to check if he is available.
I will ask him whether he can see you or not.

• **들어오셔도 됩니다.**

You can come in.

Please come in.

• **잠시만 기다려 주시겠습니까?**

Can you wait for a second?

Please wait a minute.

• **이곳에 앉아 계세요.**

Please take a seat.

Why don't you have a seat?

• **마실 것을 드릴까요?**

Would you like something to drink?

Do you want anything to drink?

• **죄송하지만 그분은 현재 미팅중이십니다.**

Sorry. But he is in a meeting right now.

He is attending a meeting now.

- **약속하지 않으셨으면 만나보실 수 없습니다.**

I am sorry but you cannot see him if you don't have an appointment.

- **다음엔 약속시간을 정하고 와주세요.**

Please make an appointment next time.
Would you come back later with an appointment?

Glossary

appointment	ⓝ 약속
attend	ⓥ 참석하다
come in	ⓥ 들어오다, 참여하다
convenient	ⓐ 편리한, 간편한
early	ⓐ 이른, 빠른
meeting	ⓝ 회의, 만남
name	ⓥ 이름을 밝히다
purpose	ⓝ 목적, 의도
schedule	ⓥ 일정을 잡다
visit	ⓝ 방문
welcome	ⓐ 반가운, 환영받는
whenever	~할때는 언제든지

4

경호영어

Unit 1. 경호 관련 사례

1) 보안 검색
2) 테러리즘
3) 아동범죄
4) 정보보안
5) 기타

Unit 1. 경호 관련 사례

1) 보안검색

Body scanners showing the naked figure of passengers are a violation of basic human rights and thus should not be placed in airports, said a human rights panel.

승객의 벌거벗은 모습까지 보여주는 전신 스캐너는 기본적인 인권을 침해하며, 그러므로 이것을 공항에 두지 말아야 한다고 인권위원회가 말했다.

The National Human Rights Commission sent a recommendation to the Ministry of Land, Transport and Maritime Affairs on Wednesday to abandon the plan to introduce the body scanners in airports, said officials.

국가 인권 위원회는 수요일 국토해양부에 공항에 전신스캐너 도입계획을 멈추라는 경고를 했다고 관계자가 말했다.

The ministry announced earlier this year to introduce body scanners in local international airports within the first half of the year, in step with the government's security measures for the G20 summit to take place here in November.

올해 초 이 부서에서는 11월에 열릴 G20 정상회담을 위한 정부의 보안방법과 발맞추어 현지 국제공항에 첫 6개월 동안 전신스캐너를 도입할 것이라고 발표했다.

The scanner would show the precise form of the breasts or genitals of the passenger and may also reveal the implants inserted in his or her body.

스캐너는 승객의 생식기나 가슴을 정밀한 형태로 보여줄 수도 있으며, 그들의 몸에 이식된 것들 또한 보여줄 수 있을지도 모른다.

"The scanning system is not clearly justified by any law clause and has not yet proven itself to be effective in preventing terrorist attacks," said an NHRC official.

"스캐닝 시스템은 법조항으로 확실히 정당화 되지 않았으며, 아직 테러리스트의 공격을 예방할 수 있다는 효과에 대해 입증된 것이 없다"고 국가인권위원회 관계자가 말했다.

"It is, however, clear that the excessive body scanning violates the passengers' freedom of privacy."

"하지만 이것은 승객의 사생활의 자유를 침해할 수 있는 과도한 전신스캐닝인 것은 확실하다."

It may, too, result on discrimination based on race, nationality or religion, should officials arbitrarily request specific passengers to pass the scanner.

그리고 이것은 인종, 국적, 종교 등의 차별을 야기할 수도 있으며, 관계자가 독단적으로 특정승객을 통과 시킬 수도 있다.

Also, the scanner could also result in the leaking of personal information and possible damages to the scanned human body with its electromagnetic waves and radioactivity.

또한, 이 스캐너는 개인정보의 누설이나, 스캔시 전자파와 방사능에 의해 인간의 몸이 손상될 수도 있다는 결과를 낳았다.

In the United Kingdom, an airport security guard was caught taking pictures of the naked figure of his female colleague, according to the NHRC.

국가인권위원회에 따르면 영국에서는 한 공항보안요원이 그의 여성동료의 벌거벗은 모습을 사진으로 찍어 체포되었다고 알렸다.

An official in the United States was involved in physical violence after he made harassing comments while he was testing the scanner system.

미국에 한 관계자도 그가 스캐너 시스템을 실험하는 동안 희롱성 발언을 하여 신체폭력으로 연루되었다고 밝혀졌다.

"Because of the serious level of human rights violation which the full-body scanner implies, it should at least be clearly regulated by a law clause and not just by a ministry announcement," said the NHRC official.

"전신스캐너가 함축하고 있는 인권침해의 심각한 수준 때문에, 이는 적어도 부서 발표뿐만이 아니라 법조항으로 명백히 통제되어야 한다"고 국가인권위원회 관계자가 말했다.

Apart from the scanning system, other security measures have recently been implemented in local airports with the G20 summit in mind.

스캐닝 시스템 말고도, 최근 G20 정상회담을 염두에 두어 다른 보안방법이 지역 공항에서 시행되고 있다.

The Justice Ministry is to introduce a fingerprint identification system by August to reinforce immigration screening processes.

법무부는 이민검사 과정을 강화시키기 위해 8월 시분확인시스템을 도입했다.

(출처 : http://www.koreaherald.com/national/Detail.jsp?newsMLId=20100630000825)

2) 테러리즘

②-1. 테러리즘

In the wake of two shootings in one week in the Philippines, the Ministry of Foreign Affairs warned Korean tourists and residents there to be on guard.

필리핀에서 한주동안 두 번이나 생긴 총격사건을 뒤이어, 외교통상부는 한국 관광객과 주민들에게 조심하라며 경고했다.

The latest incident occurred Friday in a bar at Puerto Galera, a tourist town on Mindoro Island.

가장 최근에 일어난 사건은 금요일 민도리섬에 있는 관광타운, 푸에르토 마레라의 한 술집에서 발생했다.

According to a local report, tourists, including Koreans, and local police were attending the opening ceremony of the KTV bar, when one of the Koreans had a heated argument" with a police officer. The policeman opened fire, injuring several customers.

지역발표에 따르면 한국인을 포함한 관광객과 지역 경찰들은 한 한국인과 경찰이 열띤 논쟁을 펼치는 동안, KTV 술집의 개업식에 참여하고 있었다고 한다. 경찰이 총을 발포하여 몇몇의 손님들에게 부상을 입혔다.

Those injured included an Australian, American, another Korean and a local, who were all taken to hospital. None of them is in a serious condition, the report said.

호주인, 미국인, 다른 한국인, 그리고 지역 인을 포함한 나친 사람들은 모두 병원으로 옮겨졌다. 아무도 심각한 상태는 아니라고 보도했다.

Another gun-related incident took place a day earlier.

총과 관련된 또 다른 사건은 그 사건 하루 전에 일어났다.

A Korean resident in Cebu, one of the most developed provinces in the Philippines, was attacked by an unidentified gunman while driving, and was hospitalized.

필리핀에서 가장 개발된 지역인 세부에 살던 한국인 거주자 한명은 운전하는 도중 정체불명의 무장강도로부터 공격을 당하여 병원에 입원됐다.

Although the Southeast Asian country has gained recognition as a tourist destination, travelers are still advised to be prepared for worst case scenarios.

비록 동남아시아 국가가 여행 장소로 인정을 받았다고 하지만 여행자들은 여전히 최악의 시나리오에 대비를 하라는 조언을 받는다.

Security in the country has been compromised by terrorists and political protesters in hiding.

국가의 보안 팀은 테러리스트와 잠복해 있는 정치 시위자들과 타협을 했다.

Last week, a massacre took place on the southern island of Mindanao, which left at least 57 people dead.

지난주, 민다나오의 남쪽 섬에서 대학살이 일어났고, 최소 57명이 죽은 채로 남겨졌다.

The dead included family members of Esmael Mangudadatu, a candidate for provincial governor; his aides; and journalists.

그 시체들에는 에스 마엘 망우다다투의 가족들, 지방주지사 후보와 그의 보좌관 그리고 기자들이 포함되어 있었다.

The convoy was on its way to file election papers, when it came under attack from suspected Ampatuan gunmen.

이들이 미심쩍은 암파투안 무장 강도들에게 공격을 받았을 때, 호송대는 선거용지를 정리하는 중이였다.

(출처 :http://www.koreatimes.co.kr/www/news/nation/2010/04/120_56389.html)

②-2. 테러리즘(국제행사)

As the clock ticks toward the Olympic Games, China has launched a series of national-level counterterrorism drills recently.

시계가 올림픽 경기를 향해 돌아가듯이, 최근 중국은 국가차원 대테러작전 훈련을 시작했다.

In general, the security situation for the games appears quite stable, but still threats are there both from traditional and non-traditional security areas such as terrorism, separatism, and extremism.

보통 경기를 위한 보안적 상황은 매우 안정적으로 나타나지만, 여전히 테러리즘, 분리주의, 극단주의 등의 보안분야에서 전통적 그리고 비전통적으로 위협이 존재하기도 한다.

Terrorism is the biggest threat to the games and is not new to the Olympics.

테러는 경기에 있어서 가장 큰 위협이지만, 새로운 일만은 아니다.

Eleven Israelis, five guerrillas, and one police officer were killed at the 1972 games in Munich.

11명의 이스라엘인, 5명의 게릴라, 그리고 한명의 경찰이 1972년 무니치에서 열린 올림픽에서 살해 당했다.

Two people were killed when a bomb exploded in Centennial Park during the 1996 games in Atlanta.

두 명의 사람은 1996년 올림픽 중 아틀란타 센테니얼 공원에서 폭탄이 터져 죽었다.

The Beijing games face four different types of terrorist threats. The first is an attack on sporting venues. The second threat is an attack on civil aviation.

베이징 게임은 4가지 다른 방면의 테러리스트 위협에 대면하고 있다. 첫 번째는 스포츠장소에 대한 공격. 두 번째는 민간항공에 대한 공격이다.

A Chinese passenger jet that departed from Xinjiang in early March was forced to make an emergency landing after the flight crew apprehended at least two passengers who authorities say intended to sabotage the airplane.

3월 초 신장에서 출발한 중국 제트기 승무원이 2명의 승객이 비행기를 파괴할 목적인 것을 알아챈 뒤 비행기를 비상착륙 시켰다.

The third threat is an attack against the Olympic torch relay. Some organizations and individuals who would like to politicize the games are planning to disrupt it. The fourth threat is an attack through food.

세 번째 위협은 올림픽성화 릴레이에 대한 공격이다. 이 경기를 정치적 논쟁거리로 삼고싶어 하는 몇몇 조직과 개개인들은 이 경기에 지장을 줄 계획을 하고 있다. 4번째 위협은 음식을 통한 공격이다.

More than 500 detailed security plans have been mapped out, covering Olympic venues, information exchange, and security for celebrities.

올림픽 장소를 숨기고 정보교환 및 주요인사들에 대한 경호 등 500개 이상의 상세한 보안 계획들이 세워지고 있다.

Most security measures won't be known until closer to the games, but from open source information we can conclude that Beijing says NO to terrorism at the Olympic Games.

대부분의 보안 방법들은 경기가 다가올 때까진 알려지지 않을 테지만, 우리는 공개된 정보를 통해 베이징이 올림픽 게임에서 생겨날 수 있는 테러에 대해 '절대반대'라고 말했다는 결론을 내릴 수 있다.

The Beijing city government offered professional training to 25,000 security staff and will draft large numbers of additional security personnel from outside Beijing during the games, which include the police, the People's Armed Police (PAP) and China's People's Liberation Army (PLA).

베이징 시청은 25000명의 경호원들에게 전문교육을 시키고, 경기 동안 경찰, 인민무장경찰, 그리고 중국 인민해방군을 포함 베이징 외의 지역에서도 추가적인 경호인원을 선발할 것이다.

One of the Chinese police's responsibilities is to fight against terrorist activities.

테러활동과 대항하여 싸우는 것이 중국 경찰의 임무중 하나이다.

In China, a police officer can inquire about suspects in the street based on his intuition and arrest suspected terrorists.

중국에서는 경찰이 길거리에서 자신의 직관력에 따라 피의자에 대해 묻거나, 테러범으로 의심되는 사람을 체포할 수 있다.

The PAP is a paramilitary police force whose primary mission is internal security. The PAP also maintains tactical counterterrorism units in the Immediate Action Unit, Snow Leopard Commando Unit and various Special Police Units.

인민무장경찰은 내부보안을 기본의무로 하는 준군사 경찰부대 이다. 이들은 또한 the Immediate Action Unit, Snow Leopard Commando Unit and various Special Police Units등의 전술적 대테러 부대를 가지고 있다.

In June last year, the PLA established a security unit, consisting of army, navy, and air force personnel, for the games.

작년 6월, 인민해방군은 경기를 위해 군인, 해군, 그리고 공군으로 구성된 보안부대를 창설했다.

The unit will mainly deal with non-traditional threats during the games, particularly biochemical and nuclear terror attacks.

이 부대는 경기 동안 주로 생물역학, 핵 테러 공격과 같은 비전통적인 위협에 대해 다룰 것이다.

The unit will help the police and the PAP prevent and deal with terror attacks as well as rescue operations in disaster or accident situations.

이 부대는 참사나 사고현장의 작업을 돕고 경찰과 인민무장경찰을 도와 테러공격을 예방, 다룰 것이다.

The counterterrorism effort of the games is a people's effort, and does not depend on the Chinese government only. This is special in China.

이 경기의 대테러리즘 노력은 중국 정부 뿐만 아니라, 국민들의 결실이기도 하다. 이는 중국에겐 특별하다.

The most important counterterrorism force may be the Red Armbands" who stand and watch outside the gates of Beijing's communities.

가장 중요한 대테러 부대는 아마 베이징 지역사회의 문밖에서 감시하는 적위군 일 것이다.

These Red Armbands" are familiar with their communities and will question any strangers in them.

이 적위군들은 자신의 지역사회와 친밀하고 그들중 수상한 사람을 추궁할 것 이다.

In addition to this, there are 670,000 taxis and 25,000 buses in Beijing's streets. There are innumerable workers who send milk, water, newspapers, and so on door-to-door.

이에 더하여, 베이징 거리에는 670000대의 택시와 25000대의 버스가 있다. 집집마다 우유, 물, 신문 등등을 배달하는 셀 수 없이 많은 사람들도 있다.

They will also be used in counterterrorism efforts. Otherwise, the plainclothesmen, whose duty is to arrest the pickpockets on buses, will now work in counterterrorism.

그들 또한 대테러리즘을 도울 것이다. 그렇지 않으면, 버스에서 소매치기를 잡는 임무를 가진 사복경찰이 대테러리즘에 투입될 것이다.

Also, to guarantee the safety of Beijing at the games, people over 16 years of age who come to Beijing for business or employment, or who plan to stay in the city over one month, must register with the police as temporary residents.

또한, 베이징 경기 중 안전을 보장하기 위해서는, 사업이나 일을 위해서 베이징에 온 16세 이상의 사람, 시내에 1달 이상 머무를 계획인 사람들은 경찰서에 자신을 임시거주자로 등록하여야 한다.

International cooperation also ensures the games' security. Interpol will help Beijing by providing details such as fingerprints and photographs of international criminal suspects.

국제적 협조 또한 경기의 보안을 보장한다. 인터폴은 지문이나 국제범죄피의자의 사진 등의 자료를 제공함으로써 베이징을 도울 것이다.

An Interpol Major Events Support Team will not only have instant, direct access to Interpol's full array of databases, but will also be able to exchange urgent messages with all 186 member countries and receive vital police data such as fingerprints, images, and notices of wanted individuals.

Interpol Major Events Support Team은 인터폴의 모든 데이터의 임시적, 직접적 출입 뿐만 아니라, 186개국의 나라와 긴급메시지를 주고 받을 수 있게 할 것이고 지문, 사진, 지명수배된 사람들의 정보등의 필수적 경찰정보를 받을 수 있게 할 것이다.

The FBI will offer its expertise to China on security issues relating to the Olympics and any information sharing or other technical assistance.

FBI는 올림픽과 관련된 기술적 보조, 정보공유, 보안문제 전문가를 중국에 보낼 것이다.

Now, China's generally secretive police agencies have sought advice on Olympic security from the U.S., Korea, Interpol, Germany, Israel, Australia, France, the U.K., Japan, Greece, Canada, Denmark, Switzerland, and others.

이제 중국의 비밀경찰국은 미국, 한국, 인터폴, 독일, 이스라엘, 호주, 프랑스, 영국, 일본, 그리스, 캐나다, 덴마크, 스위스 등의 국가에서 올림픽 보안에 관한 조언을 구할 수 있다.

Through the great effort of the host country, China, and the generous help of the international community, the upcoming Olympic Games should be a successful gathering for people from all countries and secure from terrorism.

주변국의 많은 노력, 중국과 국제사회의 많은 도움을 통해, 곧 있을 올림픽 경기는 많은 사람들이 테러로부터 안심하고 성공적으로 모이게 될 것이다.

(출처 :http://www.koreatimes.co.kr/www/news/opinon/2008/07/137_27522.html)

3) 아동범죄

③-1. 아동범죄

Police arrested a man who attempted to kidnap a 10-year-old schoolgirl in Ilsan, north of Seoul, Monday.

경찰은 월요일 서울의 북쪽인 일산에서 10살짜리 여학생을 납치하려고 한 남자를 체포했다.

However, law enforcement authorities are being criticized for negligence in their reaction to the apparent kidnapping attempt.

그러나 치안당국은 분명한 납치시도에도 불구하고 태만한 반응을 보인 것에 대하여 비난을 당했다.

Police detained the man, identified as Lee, 41, at a sauna in southern Seoul. He later confessed to the crime.

경찰은 41세로 확인된 이씨를 강남에 사우나에서 잡았다. 그는 뒤에 자신의 죄를 고백했다.

The attempted abduction was captured on closed-circuit television (CCTV) and broadcast nationwide to TV viewers.

유괴 시도는 CCTV에 포착되어 전지역 TV시청자들에게 방송되었다.

Lee threatened the girl with a knife and demanded she follow him into the elevator at her apartment complex around 3:45 p. m. last Wednesday.

이 씨는 지난 수요일 오후 3시 45분경 칼로 소녀를 협박하여, 아파트 단지에 엘리베이터로 따라올 것을 강요했다.

When she refused, Lee dragged her by the hair to the elevator, which had stopped on the third floor, hitting and kicking his victim.

그 소녀가 거부를 하자, 이 씨는 소녀의 머리를 잡아끌고 갔고 이로 인해 엘리베이터는 3층에 멈추었고 그는 피해자를 때리고 발로 찼다.

The girl screamed for help and a neighbor on the first floor ran up to her.

소녀는 도와달라고 소리를 질렀고 1층에 살던 이웃 주민이 그녀에게 뛰어올라갔다.

After being seen by the neighbor, Lee ran to the fourth floor, took the elevator down to the first floor, and ran away.

주민에게 발각된 뒤, 이씨는 4층으로 뛰어올라가 1층으로 엘리베이터를 타고 내려와 도망갔다.

The girl had hair missing and was bruised and battered.

그 소녀는 머리가 많이 뽑혔으며 멍이 들고 구타를 당했다.

Lee said that he was drunk when he was walking behind her. The girl gave him a suspicious glance, and he tried to tell her that he was not a bad person.

이 씨는 소녀 뒤를 걸어가고 있었을 때 자신은 취했었다고 말했다. 그 소녀가 자신을 의심스런 눈빛으로 보기에 자신은 나쁜 사람이 아니라고 말하려고 했던 것 뿐이라고 했다.

He got angry at her attitude and beat up her, according to his testimony. Police are investigating the reason for this action.

그의 증언에 따르면 그는 소녀의 태도에 화가 나서 때렸다고 말했다. 경찰은 이러한 행동들에 대한 이유를 조사 중이다.

He was previously in jail for 10 years for habitually sexually assaulting minors and was released two years ago, police said.

그는 전에도 습관적인 성폭행으로 10년 동안 감옥에 있었고, 2년 전 석방되었다고 경찰은 말했다.

Police caught him after confirming through CCTV recordings in subway stations on line 3 that he took a subway train at Daehwa Station near the apartment complex and got off at Suseo Station.

경찰은 아파트 단지 근처 3호선 대화역에서 지하철을 타고 수서역에서 내린 범인이 찍힌 CCTV를 확인한 뒤 그를 잡았다.

Despite the arrest, police are being faulted for failing to react swiftly to the failed kidnapping and losing the chance to catch Lee earlier.

비록 체포가 되었지만, 신속히 대처하지 못해 납치에 실패한 범인을 더 빨리 잡을 수 있는 기회를 놓친 경찰을 나무라고 있다.

Her parents reported the attack to a nearby police office about 10 minutes after the incident. Police officers collected testimony from the parents and the neighbor and checked the CCTV recording in the elevator.

그녀의 부모들은 사건이 일어난 지 10분후 근처 경찰서에 이 사건에 대하여 알렸다. 경찰관은 부모와 이웃주민의 증언을 수집하고 엘리베이터에 설치된 CCTV를 체크했다.

Despite the apparent kidnap attempt, the officers reported to Ilsan Police Station the next day that it was just a simple assault case" committed by a drunken man, based on testimony that he smelled of alcohol.

명백한 납치시도에도 불구하고, 경찰들은 다음날 일산경찰서에 술냄새가 났다는 증언을 바탕으로, 이것은 그냥 술취한 사람이 저지른 간단한 폭생사건이라고 보고했다.

The day of the incident was the same day when the police announced a set of preventive measures against violence and kidnapping involving children, following the recent abduction and murder of two schoolgirls by a neighbor in Anyang, Gyeonggi Province.

경찰이 최근 경기도 안양지역에서 이웃에 의해 유괴되어 살해당한 두 여학생 사건뒤, 아이들을 포함한 유괴나 폭력을 예방하기 위한 대책에 대해서 발표했을 때가 바로 그 사건이 일어날과 같은 날이였다.

With criticism growing, the police station launched a full-scale investigation three days after the incident took place, examining the CCTV recordings.

비평이 높아짐에 따라, 경찰은 사건이 일어난 3일 뒤 거대한 수사망을 착수하였고 CCTV에 녹화된 것을 검토했다.

The move came after the parents had already distributed leaflets about the incident to neighbors to try and apprehend the suspect.

이러한 움직임은 피해자의 부모가 이웃주민에게 피의자를 파악하려고 전단지를 나눠주고 난 뒤에야 시행되었다.

Police are also suspected of having tried to cover up the case, after it was reported that they asked the girl's mother not to talk about the case to the media.

경찰은 또한 소녀의 엄마에게 이 사건에 대해 방송매체에 아무 말도 하지 말라고 당부했다는 것이 보도된 뒤, 경찰이 사건을 덮으려 하지 않았나 의심을 받고 있다.

President Lee Myung-bak said that the public was incensed over the police's tepid attitude.

이명박 대통령은 경찰의 열의 없는 태도에 대중들이 몹시 화가 났다고 말했다.

As seen on the CCTV recording, it was really brutal. The state's utmost duty is to protect people's lives, but the police still show such an attitude at this time when many cruel cases remain unsolved and people feel angry at them. The police need to change," Lee said.

"CCTV에서 보여진 것처럼, 이것은 매우 잔인했습니다. 국가의 최고의 의무는 국민들의 삶을 보호하는 것이지만, 경찰은 아직도 많은 잔인한 범죄를 풀지 못한 채 남겨두는 등의 태도를 보이고 있습니다. 이런 태도에 국민들은 화가 납니다. 경찰은 변화하여야 합니다."라고 이명박 대통령이 말했다.

Kim Do-sik, chief of Gyeonggi Provincial Police Agency, made a public apology. I apologize for the police's careless measures," he said.

김도식 경기도 경찰청장은 대중에게 사과를 하였다. "경찰의 부주의한 방법에 대하여 사죄드립니다"라고 그가 말했다.

(출처 : http://www.koreatimes.co.kr/www/news/nation/2008/03/117_21717.html)

③-2. 아동성범죄

Although child sex crimes were committed less frequently in Korea than other major countries, the growth rate here had been higher in recent years, a report found Sunday.

비록 아동성범죄가 다른 주요 국가들보다 한국에선 적게 일어나는 일이지만, 최근 들어 성장률이 높아지고 있다고 일요일에 밝혀졌다.

According to the Korea Institute of Criminology, which analyzed the official figures in five countries — Korea, Germany, the U.K., the U.S. and Japan — the nation's rate of sex crime against children was 16.9 per 100,000 children in 2008, the fourth-highest.

5개의 국가(한국, 독일, 영국, 미국, 일본)의 공식적인 수치를 분석한 한국범죄연구원에 따르면, 2008년 아동을 대상으로 한 성범죄의 우리나라 비율은 10만명의 어린이중 16.9명으로 4번째로 높았다.

The Korean figure was 6.8 times lower than that of Germany, 6 times than the U.K. and 3.5 times than the U.S., the report said.

한국의 수치는 독일에 비해 6.8배, 영국엔 6배, 미국의 3.5배 낮다고 보도됐다.

However, the growth rate in Korea was the highest, with a 69 percent surge in confirmed cases between 2005 and 2008.

하지만, 2005년부터 2008년 사이 확인된 경우만으로도 69% 급증하며 한국의 성장률이 가장 높았다.

The U.S. figure increased by just 2.9 percent during the same period, while Japan, the U.K. and Germany saw 29.3 percent, 14.8 percent and 9.6 percent decreases, respectively.

일본, 영국, 독일이 각각 29.3%, 14.8%, 9.6% 감소하는 동안 미국의 수치는 같은 기간동안 2.9% 늘어났다.

Another distinctive feature in sex crimes here was that many of the cases were committed under the influence of alcohol.

성범죄의 또 다른 독특한 요소는 대부분의 사건들이 술에 취한상태에서 일어났다는 것이다.

In Korea, 37.1 percent of the child sex offenders were intoxicated, while the figures in other countries were below 10 percent, the report said, urging efforts to improve the nation's drinking culture.

한국의 경우 37.1%의 아동성 범죄자들이 취해 있었다면, 다른 나라들은 10%이하의 수치를 나타냈다며 술문화 향상을 위한 노력을 추구하여야 한다고 보도됐다.

The report also found that most of the victims were teenage girls, with male victims accounting for 19.4 percent in the U.S., 4 percent in Korea, 3.9 percent in Germany and 2.6 percent in Japan.

이 발표는 또한 대부분의 피해자는 10대 소녀들이였다는 것을 발견했고, 미국에서는 19.4%, 한국은 4%, 독일은 3.9%, 일본에서는 2.6%가 남자피해자로 밝혀졌다.

Meanwhile, most of the offenders were males, the report said. Female offenders made up 3.9 percent in Germany, 1.2 percent in the U.S., 0.6 percent in Japan and 0.4 percent in Korea.

반면, 대부분의 범죄자들은 남성이 였다고 보도했다. 독일에서는 3.9%, 미국에선 1.2%, 일본에서는 0.6%, 그리고 한국에선 0.4%가 여성 범죄자로 이루어 졌다.

The crime rate by an acquaintance of the victim was 69.9 percent in the U.S., 60.7 percent in Germany, 39.4 percent in Korea and 20.6 percent in Japan.

미국에선 피해의 지인의 범죄율이 69.9%, 독일에서는 60.7%, 한국에서는 39.4%, 일본에서는 20.6%였다.

That of family members was 20.9 percent in the U.S., 19.3 percent in Germany, 11.9 percent in Korea and 2 percent in Japan.

가족구성원의 범죄율은 미국에서는 20.9%, 독일에서는 19.3%, 한국에서는 11.9%, 일본에서는 2%였다.

After a series of revision efforts recently, the nation's strictness of penalties against sex offenders was considered at a similar level with other countries analyzed, the report said.

최근 이러한 검토 후에, 성 범죄자에 대한 국가 처벌의 엄격함은 다른 국가의 분석과 비슷한 수준으로 고려되었다고 보도됐다.

"As many sex crime victims hesitate to report, only one out of 168 cases is believed to be prosecuted currently in Korea.

"많은 성범죄 피해자들이 알려지기를 주저함에 따라, 최근 한국에선 오직 168개중 한 개의 사건만 기소되었다.

Considering that, imposing stricter punishment would have a limited effect in preventing potential crimes," said Kang Eun-young, research fellow at the institute who led the analysis study.

이를 고려해 보면, 잠재적인 범죄를 막기 위해선 더 엄격한 처벌이 부여하는 것이 유일한 방법"이라고 분석연구를 한 연구원 강은영 씨가 말했다.

"Efforts are needed to help more victims to inform their damage, while police investigation should increase its capability of verifying the cases," she said.

"경찰수사가 사건들을 입증하는 능력을 키워야 하는 반면, 많은 피해자들이 자신의 피해를 알리려는 협조가 필요하다"고 그녀가 말했다.

Based on the study result, the government plans to take measures to encourage victims to report, such as tightening the duty of report on the victim's guardians and abandoning the rule that requires a victim's complaint for a sex crime.

이 연구결과를 토대로, 정부는 피해자보호의 의무에 좀 더 힘쓰거나, 성범죄에 관한 피의자의 고소를 요구하는 법을 없애는 등 피해자들의 신고를 장려하는 방법을 계획하고 있다.

(출처 :http://www.koreaherald.com/national/Detail.jsp?newsMLId=20100801000273)

③-3. 아동성범죄

Reviewing numerous recent reports on child molestation in the newspaper, I came to think about the seriousness of the issue and what kind of solutions are being implemented to further prevent this crime.

신문에 보도된 수많은 아동성범죄를 검토하면서, 나는 이 화제의 심각성과 범죄예방을 위해 어떤 방법이 시행되어야 하는지에 대해서 생각하게 되었다.

Unlike other crimes, the impact of child sexual abuse is especially devastating to the victim in that it causes not only physical damage, but also mental one that can negatively affect the child for life.

다른 범죄와는 다르게, 아동성학대는 특히 피해자의 육체적 피해뿐만 아니라 아이의 인생에 부정적인 효과를 줄 정신적 피해 또한 입혀 피해자를 완전히 망가뜨린다.

Furthermore, if the offender gets away with it with only minor punishment, it causes collateral damage to the victim's family.

나아가, 만약 범죄자가 약한 처벌만 받고 벗어난다면, 피해자의 가족에게 2차적인 피해를 입힐수도 있다.

Among various measures being carried out by the government is the revelation of child sex criminals' personal information, which includes the criminals' name, address, occupation, and date of birth, through the Internet.

실행되어지는 다양한 방법들 중, 정부는 아동 성범죄자의 이름, 주소, 직업 그리고 생년월일등의 개인정보를 인터넷을 통해 밝히고 있다.

However, is this effective and a suitable action to deal with the crime?

하지만 이것이 그 죄를 다루는데 효과적이고 적절한 대응일까?

Basically those who support the opening of personal information maintain that child sex offenders do not deserve basic human rights and should be punished with drastic measures such as execution or life sentence.

우선적으로, 아동성 범죄자의 개인정보 공개는 그들에게 인간으로써의 기본인권을 주지 않는것이며, 그들은 사형이나 무기징역 등과 같은 극단적인 방법으로 처벌 받아야 한다.

They believe that this will further keep other potential criminals from committing such acts by arousing fear for the crime.

그들은 이 방법이 범죄에 대한 공포심을 높혀 다른 잠재적 범죄를 줄일 것이라고 생각하고 있다.

In fact, more than 80 percent of 1000 Korean adults surveyed responded that they support the opening of personal information of child sex criminals according to Hangil Research Center.

한길연구센터에 따르면, 실제 1000명의 한국성인 중 80% 이상이 아동성범죄자의 개인정보를 본적 있다고 응답했다.

However, I still question the effectiveness of this measure considering the fact that it can perpetuate the crime in a repetitive and unproductive way.

하지만, 나는 이 방법이 반복적이고, 별 소득없이 범죄 영구화를 한다는 사실을 고려해볼 때, 이 효과성이 아직도 미심쩍기만 하다.

To put it simple, it is obvious that these criminals will be despised by the general public and cannot lead a normal life such as getting a job or getting along with others even after being discharged from jail.

간단히 말하자면, 이런 범죄자들이 감옥에서 풀려난 뒤 다른 사람들과 잘 어울리거나, 직업을 갖는 등의 평범한 삶을 살기는 힘들 것이고, 대중들에게 멸시를 받을 것은 당연하다.

This repeating rejection from society will build a strong antagonism toward society and eventually lead to another violent crime.

사회로부터 계속되는 거부반응은 이들에게 사회에 대한 강한 적대감을 들게 할 것이고, 특히 다른 폭력성 범죄로 이끌 수도 있다.

In fact, according to recent news article, more than 30 percent of child molestation criminals repeat such crime.

실제 최근 기사에 따르면, 20%의 아동학대 범죄자들이 다시 죄를 번복했다고 한다.

Furthermore, what about the rights of the offenders' family?

나아가, 범죄자 가족의 인권은 어떻게 할 것인가?

It is true that offenders should be held responsible and punished for what they did wrong.

물론 그들이 책임을 갖고, 자신의 잘못된 행동에 대해 벌을 받는 것은 사실이다.

However, it is not their families' fault that they committed such a crime, but some people seem to criticize their family as if their families are to blame.

하지만, 범죄자들이 죄를 저지른 것은 그들의 가족의 잘못이 아니다. 그러나 몇몇의 사람들은 그들의 가족도 비난받아야 한다는 듯 그들을 비난한다.

In other words, revealing personal information will unjustly infringe their families' rights.

다시 말하자면, 개인정보를 밝힌다는 것은 그들 가족의 인권을 침해한다는 것이다.

In conclusion, although it is true that child sex offenders should be punished and held responsible, I believe that more effective alternatives must be enacted by legislature through more thorough and comprehensive discussion and debate that can ensure our country's children's safety and future.

마지막으로, 비록 아동성범죄자들은 벌을 받고 그 책임을 져야 하지만, 나는 더 효과적인 대안을 입법부가 규정하여, 더욱 철저하고 폭넓은 토론과 논쟁을 통해 우리나라의 아동 안전과 미래를 지켜야 한다고 생각한다.

(출처 : http://www.koreatimes.co.kr/www/news/special/2010/08/181_71298.html)

4) 정보보안

Tighter system needed to prevent info leaks

정보유출을 막기 위해서 더 타이트한 시스템이 필요하다.

No one can overemphasize the importance of personal data security in an Internet-based information society.

인터넷 기반인 정보사회에서 그 누구도 개인정보 보안에 대해서 지나치게 중시하지 않는다.

The government, businesses and consumers are required to work together to better protect the privacy of individuals by taking advantage of technological innovation.

정부, 업무, 소비자들은 기술적 혁신의 장점을 이용하여 개인 사생활 보호를 위해 함께 힘써야 한다.

Despite the nation's efforts to ensure data security, a large number of people are still concerned about large-scale leakage of their confidential personal details.

비록 데이터 보안을 보장하기 위한 국민들의 노력에도 불구하고, 많은 사람들이 여전히 그들의 은밀한 개인정보 유출에 대하여 걱정을 하고 있다.

These concerns have shown no signs of subsiding as leak after leak hit the nation.

유출소식이 국민들에게 전해진 뒤, 이러한 걱정들은 가라앉을 기미도 보이지 않고 있다.

One of the latest cases took place at the National Pension Service (NPS) last month. To the dismay of the public, an employee of the service's call center tried to release data of about 100,000 pension subscribers.

가장 최근에 있었던 사례는 지난달 국민연금공단에서 일어났다. 국민들에게 경악을 준 것은 서비스 콜센터의 고용인중 하나가 10만 명의 연금이용자 데이터를 방출하려 했다는 것이다.

Police discovered documents containing the data in the worker's car, while investigating him over his alleged involvement in sexual harassment.

경찰은 직장 내 성희롱과 관련, 남자의 혐의를 수사하다가 그 사람의 차에서 이와 같은 데이터를 찾았다.

The case shows how lax a security system the state pension scheme has. The employee's illegal attempt to take away subscribers' information could have gone unnoticed if he had not been probed over the alleged sex crime.

이 사례는 정부연금기관의 보안시스템이 얼마나 허술한지를 보여주고 있다. 회원들의 정보를 빼돌리려는 고용인의 불법적인 시도는 만약 그의 성범죄혐의가 수사되지 않았다면 밝혀지지 않았을 수도 있다.

This means that the pension service has failed to put a watertight security system in place to better protect its subscribers.

이는 연금서비스가 자신의 회원들을 잘 보호하기 위해 빈틈없는 보안시스템을 장착하는데 실패했다는 것을 뜻한다.

Last year, the NPS found the same employee making unauthorized checks into the details of 200,000 subscribers. But it only suspended him for one month.

작년, 국민연금공단에선 2만 명의 회원의 정보로 승인되지 않은 수표를 만들려던 사람이 발견됐었다. 하지만 그는 오직 1달 동안 징계를 받았다.

After the disciplinary action, he was even allowed to process subscriber information. In a word, the NPS was negligent in preventing the data leak.

그러한 징계조치 이후, 그는 심지어 회원정보 처리를 할 수 있단 허락도 받았다. 말인즉, 국민연금공단은 데이터유출 예방에 태만하다는 것이다.

There is little doubt that the NPS has failed to establish an effective information security system. Besides, it has done little to prevent any further attempt to steal personal data.

국민연금공단이 효과적인 정보보안시스템을 구축하는데 실패했다는 의구심이 든다. 반면, 이들은 개인정보를 훔치려는 것을 막기 위해 거의 아무것도 하지 않았다.

The Ministry of Health and Welfare should also be held accountable for not properly supervising the pension service.

보건복지부는 또한 연금서비스 관리를 제대로 하지 않은 데에 대한 책임을 져야만 한다.

It seems that the ministry has forgotten a previous case with the National Health Insurance Corp., in which 720,000 subscribers' data were leaked in April 2008.

정부는 2008년 4월에 72만 명의 회원의 정보가 유출됐던 국민건강보험공단의 지난번의 사례를 잊은 것처럼 보인다.

The illegal release of confidential information could not only infringe on privacy of individuals but also cause irrecoverable damage to them.

비밀정보의 불법적 유출은 오직 개인 사생활침해에 국한되는 것이 아니라, 그들의 돌이킬 수 없는 피해의 원인이 되기도 한다.

Many still vividly remember two cases involving eBay Auction and GS Caltex, each of which leaked information of more than 10 million clients in 2008.

많은 사람들은 이베이옥션과 GS칼텍스에서 2008년 각각 천만 명이 넘는 고객의 정보가 유출되었던 두 가지 사례에 대해 생생히 기억하고 있다.

No one wants to see a repeat of such a thing. The authorities should take radical measures to better protect personal data security before it's too late.

아무도 이러한 일이 반복되길 원하지 않는다. 당사들은 더 늦기 전에 개인정보보안을 위한 철저한 대책을 세워야 한다.

(출처 : http://www.koreatimes.co.kr/www/news/opinon/2010/10/202_68906.html)

5) 기타

Former ruling party leader Park Geun-hye injured her wrist after a melee broke out between her bodyguards and a group of protesters in Daegu on Thursday, according to Yonhap News.

연합뉴스에 따르면, 전 여당의 박근혜 대표가 목요일 대구에서 자신의 경호원과 시위그룹 사이에서 벗어나려는 아수라장 속에서 순식간에 손목을 다쳤다고 한다.

The incident erupted after Park delivered a congratulatory speech during an event to mark the expansion of a subway line in Daegu, the report said.

이 사건은 박대표가 대구 지하철 확장 행사에서 자신의 축사를 마친 뒤에 일어났다고 보도되었다.

After her speech, several woman members of the labor union at Yeongnam University Hospital rushed her, demanding the normalization of relations between the labor and management, according to the report.

보도에 따르면 ,그녀의 축사 뒤 영남대학병원 노동조합 구성원들은 그녀에게 돌진했고, 노동과 경영 사이의 정상화를 요구했다고 한다.

Park's bodyguards blocked the protesters and in the course of the scrum, Park sustained slight injuries, the report said.

박씨의 경호원들은 시위자들을 막았고, 그들이 밀쳐대는 사이에 약간의 상처를 입었다고 보도했다.

The incident was the second of its kind involving Park, who was attacked during an election campaign rally in 2006. She had to be hospitalized with a wound to the face at that time.

2006년 선거캠페인집회에서 공격을 당했던 박 씨에게는 이러한 사건이 2번째였다. 그녀는 그 당시 얼굴에 입은 상처로 병원에 입원했다.

Park, a daughter of the late President Park Chung-hee, currently leads a faction in the ruling Grand National Party.

박정희 대통령의 딸인 박근혜는 현재 여당 한나라당의 당파를 이끌고 있다.
(출처 : http://www.koreaherald.com/national/Detail.jsp? newsMLId=20100722000752)

부록

경호영단어

부록 : 경호원이 알아야할 기본 영단어

Ⓐ

abandon	단념하다, 그만두다
abduction	유괴
according to	~에 따르면
accountable	책임이 있는
acquaintance	아는 사람, 아는 사이
additional	부가적인, 추가의
advantage	유리, 이익, 강점
advance car	선발 차량
advance team	선발 조
advanced security	선발경호
advise	충고하다, 조언하다
aides	조수, 보좌관
alert plan	비상연락망
allege	혐의를 제기하다
allow	허용하다, 허가하다
alternate route	교체노선, 대안통로

alternative	대안
analysis	분석
analyze	분석하다, 해석하다
announce	발표하다
antagonism	적의, 적대감
apart from	~을 제외하고
apologize	사과하다, 사죄하다
apology	사과
apparent	정확한, 분명한
apprehend	파악하다
arbitrarily	독단적으로
argument	논쟁
arouse	불러일으키다
array	배열
arrest	체포하다
assault	폭행
assistance	도움, 원조, 지원
at least	적어도

attack	공격
attempt	시도, 시도하다
attend	참석하다
attitude	태도
authority	권위자
aviation	항공

Ⓑ

barbed-wire fence	철조망, 철책
batter	연타하다
beat up	때리다
beside	반면에
biochcmical	생화하저인
biological weapon	생물학 무기
blame	비난하다
block	막다, 봉쇄하다
Blue House	청와대
bomb	폭탄

break out	발발하다, 벗어나다
breast	가슴
broadcast	방송, 방송하다
bruise	멍이 들다
brutal	잔인한

Ⓒ

candidate	후보자
capability	능력, 재능, 특성
capture on	포획하다, 포착하다
careless	부주의한, 경솔한
celebrity	명사, 연예인, 유명인
checking point	검문소
city government	시 당국, 시 정부
civil	시민의, 민간의
clause	조항
clue	단서, 실마리
collateral	부수적인, 담보물

colleague 동료
collect 수집하다
come after ~를 뒤쫓다
come under attack 공격을 받다
command post 지휘소, 전투사령부
comment 논평, 언급, 논평하다
commit 범하다, 저지르다
community 공동체, 지역사회
complex (아파트)단지, 복잡한
comprehensive 포괄적인, 종합적인
compromise 타협, 화해하다
concern ~에 관계하다
conclude 결론을 내리다, 끝내다
confess 자백하다, 고백하다
confidential 비밀의, 은밀한
confirm 사실임을 보여주다
congratulatory speech 축사
consider 숙고하다, 고려하다

considering	~을 고려하면
consist of	~으로 구성되다
consumer	소비, 소비자
contain	~ 함유하다, 억제하다
convoy	호송, 호위
cooperation	협력, 합동
counter-terrorism	대테러 작전
cover up	은폐하다, 감추다.
criticism	비난, 비판
criticize	비난하다, 비판하다.
cruel	잔인한, 잔혹한

Ⓓ

damage	손상, 피해
dead zone	사각지대
deal with	~처리하다, ~다루다
debate	토론, 토의하다
decrease	감소, 줄다

deliver	배달하다, 인계하다
demand	요구, 요구하다
depart from	~에서 출발하다
depend on	~을 의존하다
despise	경멸하다
despite	~에도 불구하고
detain	구금하다, 억류하다
detailed	상세한
devastate	완전히 파괴하다
Director of Residential Security Service	경호 실장
disaster	참사, 재난
discharge	석방하다, 방출하다
disciplinary	징계의
discover	찾다, 발견하다
discrimination	차별, 차이
discussion	논의, 상의
dismay	실망, 실망시키다

disrupt	붕괴하다, 혼란케하다
distinctive	독특한
distribute	분배하다, 유통시키다
door-to-door	집집마다
doubt	의심, 의혹
draft	원고, 초안, 수표
drag	끌다
drastic	격렬한, 극단적인
drill	훈련
duty	의무, 직무
duty status	당직

Ⓔ

effective	효과적인, 실질적인
effort of	~ 노력, ~ 한 결과
election paper	투표용지
electromagnetic wave	전자파
emergency mobilization	긴급동원

emergency response	긴급대응
enact	제정하다, 일어나다
ensure	보장하다, 확실히 하다
essential member	기간요원
evacuate	피난하다, 대피 시키다
examine	조사하다, 검사하다
excessive	지나친, 과도한
exchange	교환하다
execution	처형, 집행
expansion	확대, 확장, 팽창
expertise	전문지식, 전문기술
explode	터지다, 폭발하다
establish	설립하다, 확립하다
extremism	극단론, 극단주의

Ⓕ

face	얼굴, 직면하다
faction	당파, 파벌싸움

fail	실패하다
familiar	익숙한, 친숙한
fault	잘못, 단점
fear	공포, 두려움
figure	모습, 요소
file	정리 보관하다
fingerprint	지문
first aid	응급처치
food inspection	식품검색
force	시키다, 강요하다.
frequently	자주, 흔히
further	더 나아가, 게다가

Ⓖ

gain	얻다, 입수하다.
gather	모이다, 모으다.
genital	생식기의
get along with	~와 잘 지내다.

glance	힐긋 봄, 눈짓
governor	주지사, 사령관, 장관
guarantee	보장하다, 보증하다.
gunman	무장 강도

Ⓗ

habitually	습관적으로, 늘
hand grenade	수류탄
hand microphone	휴대용 확성기
handcuff	수갑
harass	괴롭히다
hesitate	망설이다, 주저하다
human right	인권
hospitalize	입원시키다
host	주최, 주인
hostage	인질
hostage negotiator	인질협상전문가

Ⓘ

identification system	식별장치, 식별체계
illegal	불법적인, 불법체류자
immigration	이주, 이민
impact	충격, 충격을 주다
implant	심다, 이식하다
implement	시행하다
imply	암시하다, 의미하다
impose	도입하다, 강요하다
in addition to	~에 더해,~뿐 아니라
in the wake of	~에 뒤이어
incense	격분하게 하다
increase	증가시키다, 인상하다
influence	영향, 영향을 미치다
inform	알리다, 통지하다
infrared devices	적외선 장치
infringe	위반하다, 제한하다
in general	보통, 전반적으로

in hiding	몸을 숨겨
injury	부상, 상처
in mind	~를 염두한
innovation	혁신
innumerable	무수한, 셀 수 없는
inquire	묻다, 알아보다
insert	삽입하다, 끼우다.
inspection station	검사소
instant	순간, 즉각적인
in step with	~와 보조를 맞추다
intermediate range	중간영역
intend to	~ 할 셈이다
internal	내부의, 국내의
leakage	누출
intoxicate	취하게 하다
intuition	직관력, 직감
irrecoverable	돌이킬 수 없는
involve in	관련시키다
investigate	수사하다, 조사하다

Ⓙ~Ⓚ

jet	제트기
journalist	저널리스트, 기자
justify	해명하다, 정당화하다.
kidnap	납치하다, 유괴하다.

Ⓛ

launch	시작하다, 출시하다.
Law Enforcement Authority	법무부
lax	느슨한, 완만한
lead	이끌다, 인솔하다
leaflet	전단, 전단을 나눠주다
leak	새다, 유출하다
legislature	입법부
lifter	들치기, 좀도둑
limit	제한, 제한하다
local	지부, 지역의

Ⓜ

mainly	주로, 대부분
main route	주된 통로
maintain	유지하다, 주장하다.
map out	계획하다, 구상하다.
massacre	대량학살, 대학살하다
meanwhile	그 동안에, 한편
media	미디어, 매체
melee	아수라장, 혼란
mental	정신적인, 마음의
metal detector	금속 탐지기
ministry	부처(기관), 목사(종교)
Ministry of Land, Transport and Maritime Affairs	국토해양부
minor	작은, 미성년자
mission	임무
molestation	학대, 폭행

movement	움직임, 이동, 운동
murder	살인, 살해하다

Ⓝ

naked	벌거벗은, 적나라한
National Human Right Commission	국가인권위원회
national-level	국가적 차원
nationwide	전국적인
negatively	부정적으로
negligence	부주의, 과실, 태만
non-traditional	비전통적인
normalization	표준화, 정상화
nuclear	핵의, 원자력의
numerous	많은

Ⓞ

obvious	분명한, 확실한

occur	일어나다. 생기다
offer	제공하다, 권하다
offender	범죄자
official	공식적인, 직무상의
Olympic torch	올림픽 성화
on guard	경계하는, 조심하는
open fire	공격을 시작하다
open source	공개된 출처
opening ceremony	개회식
otherwise	그렇지 않으면, 다르게
overemphasize	지나치게 강조하다.

Ⓟ

paramilitary	준군사적인
pass	지나가다, 통과하다.
passenger	승객
penalty	불이익, 벌칙, 처벌
pension scheme	퇴직연금 적립제도

People's Armed Police	인민 무장경찰
People's Liberation Army	인민해방군
perpetuate	영구화하다
phase line	통제선
pickpocket	소매치기
place	설치하다
plainclothesman	사복경찰
poison gas	독가스
politicize	정치화하다
precise	정확한, 정밀한
prepare for	~ 대비하다, 준비하다
press	누르다, 강요하다
prevent	막다, 방지하다.
preventive	예방을 위한
previously	미리, 전에
primary	기본적인, 주요한
prior permission	사전 허가
privacy	사생활

process	처리, 처리하다
properly	제대로, 적절히
prosecute	기소하다
protective mask	방진마스크
protester	시위자
prove	입증하다, 드러나다
province	주, 지방
punish for	~를 처벌하다
punishment	처벌, 형벌

Ⓠ

question	이의를 제기하다
quite	꽤, 상당히

Ⓡ

radical	근본적인, 급진주의의
radio	방사에너지의
radioactivity	방사능

race	인종
rate	비율
reaction	반응, 반작용
recognition	인식, 인정
recommendation	권고, 추천
Red Armband	적위군
refuse	거절하다
register	등록하다
regulate	규제하다, 조절하다
reinforce	강화하다, 보강하다
rejection	거절, 부결
release	석방, 풀어주다
repetitive	반복적인
report	보고서, 알리다
request	요청, 요청하다
rescue	구조, 구출, 구조하다
reserve car	예비차량
resident	거주자, 거주하는

respectively	각각, 각자, 제각기
respond	대답하다, 대응하다
restricted area	출입금지구역
result on	~를 야기하다
reveal	드러내다, 밝히다
revelation	폭로
review	검토, 논평, 논평하다
revision	검토, 수정
rotation	회전, 순환
ruling party	여당
rush	돌진하다, 쇄도하다

Ⓢ

sabotage	고의로 방해하다
scenario	각본
scouting	정찰, 점검
scream	비명, 비명을 지르다
screening	상영, 검사

scrum	서로 밀치는 사람들
search party	수색대
seat arrangement	좌석배치
secure	안전한, 안전을 지키다
security measure	보안방법
seek	찾다, 구하다
sentence	형벌, 선고하다
separatism	분리주의
series	연속, 연쇄, 시리즈
seriousness	심각함, 진지함
several	몇의, 각각의
sexual harassment	성희롱
sexually	성적으로
similar	비슷한, 닮은
situation map	상황도
smell	냄새가 나다, 감지하다
stable	안정된, 안정적인
stalker	스토커
steal	훔치다

strictness	엄격한
subscriber	이용자, 가입자
subside	진정되다, 가라앉다
suitable	적당한, 알맞은
summit	정상회담
supervise	감독하다, 관리하다
support	지원하다, 후원하다
surge	급증
surprise attack	기습
survey	조사, 조사하다, 살피다
suspect	용의자, 의심하다
suspicious	의심스러운, 수상쩍은
sustain	지속 시키다
swiftly	신속히, 빨리, 즉시

Ⓣ

tactical	전략적인, 전술적인
take place	개최되다, 일어나다

teenage	십대의 (13~19세)
temporary	일시적인, 임시의
temporary duty	일시 파견근무
tepid	미지근한, 열의 없는
testimony	증거, 증언
The Justice Ministry	국가보훈처
The Ministry of Foreign Affairs	외교통상부
The Ministry of Health and Welfare	보건복지부
tick toward	~를 향해 돌아가다
thorough	빈틈없는, 철저한
threat	협박, 위협
threaten	협박하다, 위협하다
through	~ 사이로, ~ 통과하여
thus	이와 같이, 그러므로
time	몇 배, 곱

Ⓤ

unauthorized	공인되지 않은
unidentified	정체불명의
unit	부대, 장치
unnoticed	눈에 띄지 않는
unproductive	비생산적인
unserviceable	사용하기에 부적절한
unsolved	해결되지 않은
upcoming	다가오는, 곧 있을
urgent	긴급한, 다급한
urgent message	급신, 급보
utmost	최고의, 극도의

Ⓥ

venue	장소
verify	확인하다, 입증하다
victim	피해자, 제물, 희생물
violate	위반하다, 침해하다

violation	위반, 침해
VIP lounge	귀빈 휴게실
visibility range	가시거리
vital	필수적인, 치명적인
vividly	생생하게, 선명하게

ⓦ

warn	경고하다, 주의를 주다
waterlight	빈틈없는
wrist	손목, 팔목

저자소개

강민희는 1985년 8월 16일(양) 서울 출생으로 중학교까지 한국에서 평범하게 학교를 다니다가, 우연치 않은 기회로 호주로 유학을 가 고등학교를 호주에서 다녔다.

그 이후 한국으로 돌아와 외국어 특별전형으로 용인대학교 경호학과에 입학하여, 자신의 특기인 영어를 살려 대학 생활 중 캐나다로 교환학생을 다녀오기도 하였다. 그 이후 영어를 제 2의 전공으로 하여 경호에서 필요한 영어를 공부하였다. 현재도 이를 공부하고 있는 경호학과 4학년 학생이다.